배박사의
옵션합성
전략매매

배박사의 옵션합성 전략매매

초판 1쇄 인쇄 2014년 11월 10일
초판 1쇄 발행 2014년 11월 17일

지은이 배찬수
펴낸이 전익균

편집장 박경옥
마케팅 기획 정우진
교정 허강
디자인 김정
행사 및 매니지먼트 강지철
제작대행 (주)체인지컬러

펴낸곳 새빛북스
주소 서울시 중구 쌍림동 151-11 쌍림빌딩 6층
전화 02)2203-1996   **팩스** 02)417-2622
이메일 svedu@daum.net   **홈페이지** www.bookclass.co.kr
등록번호 제215-92-61832호   **등록일자** 2010. 7. 12

값 24,000원
ISBN 978-89-92454-10-0 (13320)
※잘못 만들어진 책은 구입하신 곳에서 바꾸어 드립니다.

이 도서의 국립중앙도서관 출판시도서목록(CIP)은 서지정보유통지원시스템 홈페이지
(http://seoji.nl.go.kr)와 국가자료공동목록시스템(http://www.nl.go.kr/kolisnet)에서 이
용하실 수 있습니다.(CIP제어번호: CIP2014031806)

꾸준히 수익을 만드는 콘돌전략매매의 모든 것!

배박사의
옵션합성
전략매매

지음
배찬수

배박사의 옵션합성 전략매매

이데일리 증권방송에 처음 선물옵션 전문가로 활동한 지 3년 정도가 흐른 것 같습니다. 그동안 선물옵션에 재미있게 접근하게 하기 위해서 처음에는 책의 수준을 비교적 낮게 해서 출간하고 난 후에 개정판을 좀 더 알차게 만들어야겠다는 생각을 하게 되었습니다. 왜냐하면 장의 흐름이 시간이 흐를수록, 사람으로 예를 들자면 머리 좋은 사람의 움직임처럼 나타나기 때문입니다. 게다가 거기에 맞게 업그레이드된 전략을 구사하지 않으면 최근의 장에서도 합성전략매매를 그다지 유리한 위치에서 진행하지도 못하기 때문입니다.

그러나 몇 년 전까지만 해도 증권방송에서는 옵션매수로 대박을 낸다, 선물방향성매매로 하루도 빠지지 않고 수익을 낸다는 등, 마치 파생전문가들이 하나같이 역술인 수준이 된 듯한 풍경이 연출되었던 것입니다. 이런 문제점으로 인하여 3년 전만 해도 선물옵션을 증권방송에서 리스크가 큰 상품이라는 이유로 방송을 못 하게 하였습니다.

그 무렵 필자는 파생방송을 합성 위주로 하는 조건으로 이데일리 증권방송에서 파생방송을 하였습니다. 그런데 이제는 배박사의 선물꾸러미라는 개인타이틀로 방송을 하고 있습니다. 그 바탕에 깔려 있는 수렴과 발산 이론은 대략적으로 지수의 움직임을 수렴권인지 발산권인지를 파악하여 합성전략수립에 매우 효과적으로 쓰였습니다.

그래서 변곡이 일어나기 전에 미리 그 시기를 감지를 하고 포지션 변화를 할 만반의 준비를 하고 대응하여 매매하기가 쉬웠습니다. 하지만 주요 선진국의 횡포라고나 할까, 최근 통화정책을 실시한 주요 선진국과 일본을 제외한 아시아 신흥국가들과의 지수 흐름이 너무나 큰 차이를 보이면서 모든 패턴이 깨지고 있는 것이 바로 지금의 현실입니다.

이에 필자는 이제껏 나와 있는 책들이 업그레이드가 필요한 내용일뿐더러, 지금 시장에 맞는 내용을 제대로 알려주는 재테크 교재의 필요성이 절실하다고 느끼고 있었습니다. 이데일리 증권방송에서는 여전히 옵션합성전략을 구사하는 것을 중점적으로 알려드리고 있으며, 방송에서 알려드린 최근 기법을 모두 모아 책을 엮어내기에 이르렀습니다.

3년 전 출간된 옵션 전략 서적이 초보자용이었다면, 이번에 출간된 책은 국내 파생시장의 흐름을 바꾸는 데에 제 역할을 담당할 수 있으면 좋겠습니다. 또한 내용에 따라서는 대학의 강의에서 옵션 전략 실전 사례를 배울 때에 활용할 수 있을 것입니다.

그리고 현재 나와 있는 객관적인, HTS상의 화면에 오로지 제가 좋아하는 분홍색 선만으로 흐름을 알 수 있도록 철저하게 보조 자료로 사용하였습니다. 왜냐

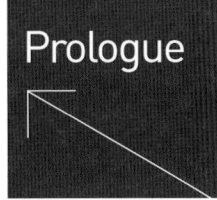

하면 지나간 후행적인 지표나 이평선 등을 이용한 인위적 차트 조작은 지금의 장에서는 전혀 도움이 되지 않기 때문입니다.

3년 전 옵션에 대한 책을 출간한 필자는, 승수제 이후 변화된 내용이나 더욱 정교해진 수렴과 발산 이론의 내용과, 통화정책에 따른 거시경제적 관점을 중점적으로 내야 될 필요성을 느끼고 있었습니다. 이 같은 배경에서 필자는 다시 팬을 들게 되었던 것입니다.

저성장 저임금 시대에 접어든 오늘날은, 더 정확한 시장 판단과 적응 능력이 절실할 때입니다. 게다가, 합성이라고 해도 케케묵은 고전적 원리만으로는 살아남을 수도 없을뿐더러 요즘 범람하고 있는 이론 중에 옵션가격으로 매매를 한다는 시대의 흐름에 맞지 않는 내용도 나오고 있는 게 지금의 현실입니다.

어떤 매매든 절대적인 기법은 없으며 리스크를 줄이는 방법 말고는 이 시장에서 살아남을 수 없습니다. 이 책을 접하는 독자 여러분들은 이 점에 특히 유의하시기 바랍니다. 이 책도 결국 10년 내지는 또 다른 흐름과 패턴이 나오는 부분에 한해서는 고전적 내용으로 여겨질지 모르겠습니다. 하지만 지금껏 나온 책 중에서는 가장 신선한, 즉 접하기 어려운 내용을 담고 있지 않나 조심스럽게 자신해 봅니다.

필자는 지금도 증권사 랩어카운트나 자산운용사에 많은 조언을 해주고 있습니다. 하지만 개인투자자와의 직접적인 소통의 길은 많지 않다고 생각합니다. 이에 더 자세하고 생생한 시황이 궁금하신 분들은 이데일리 증권방송 배박사의 선물꾸러미를 보시기 바랍니다. 필자는 이 책을 펴내면서 출간기념으로 이데일리 증권에서 매달 한 달 코스의 오프라인 교육을 개최할 예정입니다.

그 밖에 궁금하신 내용이 있으면, 아래의 연락처를 이용하시기 바랍니다. 언제든지 친절히 상담해드리겠습니다.

- 이데일리온 : http://on.edaily.co.kr/
- 배박사 투자전략연구소 연락처 : finance-lawyer@hanmail.net
- 배박사 부동산 · 주식 · 선물옵션합성융합재테크클럽 : http://cafe.daum.net/lawyerbae

배박사의 옵션합성 전략매매

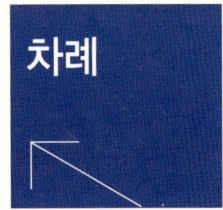

004   Prologue

제1장 | 왜 당신은 옵션투자를 해야만 하는가?

014   제1절   2014년 종합지수지수는 2000포인트, 그러나 내 주식의 치명적인 손실
023   제2절   왜 우리나라만 신고가를 넘지 못할까, 통화정책을 시행한 주요국가 거시
경제적인 분석
028   제3절   아시아편의 거시경제적 접근, 일본과 여타 신흥국가의 주가 분석
036   제4절   그래도 희망은 있다. 서서히 오르는 한국 증시와 미시경제학적 현재
위치
036   4-1. 최경환노믹스에 의한 미시경제학적 위치
039   4-2. 중국 리커창 총리의 미니경기부양책에 의한 미시경제학적 위치
042   4-3. 아직도 꺼지지 않는 미국 다우지수의 미시경제학적 위치
044   4-4. 문제는 한국 고환율의 결과로 수출주 부진에 따른 미시 경제학적 위치

제2장 | 이제 옵션합성전략의 기초개념을 이해하자

054   제1절   수렴권 장세에서 보수적 매매의 기본은 옵션매도이다!!!
061   제2절   옵션매도의 시간가치 하락이란 이런 것이다!!!
067   제3절   만기일 날 결제지수와 외가옵션과 극내가 옵션의 차이점을 알자
072   제4절   델타(Delta)와 감마(Gammar)에 관하여
077   제5절   변동성(I.V : Implied Volatility)에 관하여
084   제6절   델타중립시대는 끝났다. 누적 주체별 동향도 잘 안 맞는다

| 092 | 제7절 옵션승수제 이후, 적응하면 살아남는다 |
| 098 | 제8절 양매도의 증거금 원리 |

제3장 | 기관급매매 따라잡기 비법 공개

107	제1절 기관도 하지 않는 방향성매매의 오류
114	제2절 기관급매매에 매도 종목 고르기
119	제3절 기관의 의도를 보자, 미결제 약정
122	제4절 만기지수 10포인트 법칙이 이 시장의 중심이다
125	4-1. 2012년 만기지수 10포인트 법칙 연구
127	4-2. 2013년 차트와 만기지수 10포인트 법칙 상세 연구
130	4-3. 2014년도 더욱 안정화된 10포인트 법칙
133	제5절 기관급매매의 진수 V자 반등의 묘미
135	5-1. 2012년 V자 반등과 삼성전자와의 관계
141	5-2. 2013년 V자 반등과 삼성전자의 사례연구의 관계
146	제6절 보조지표는 필요 없다. 수렴과 발산 이론이면 끝이다

제4장 | 콘돌 전략으로 월 5~10% 수익을 내자

164	제1절 해외 증시와 아시아 증시의 디커블링의 해결책
170	제2절 콘돌(Condor) 전략이란?
178	제3절 콘돌 전략의 증거금 대비, 그 구체적 진입 방법
183	제4절 콘돌 전략만으로는 부족하다. 진입 시 변형시키는 탱크 전략
190	제5절 곡사포 전략으로 최악의 경우도 헤지를
204	제6절 자금관리는 합성매매에서 생명이다

216   Epilogue

배박사의 옵션합성 전략매매

1 | 왜 당신은 옵션투자를 해야만 하는가?

제1장
왜 당신은 옵션투자를 해야만 하는가?

현대사회를 뉴 노멀(New Normal) 시대 또는 뉴 뉴트럴(New neutral, 새로운 중립) 시대라고도 합니다. 뉴 노멀(새로운 표준 시대)는 2008년 서브프라임 모기지 사태 이후 주요 선진국들이 통화완화 정책을 실시하면서 나온 용어입니다. 요즘은 저성장, 저수익, 저소비 시대로서 모든 수익률을 더 낮추어야 하며 예전 높았던 투자수익율에 대한 기대도 접어야 한다는 충고가 여기저기서 들립니다. 주식 수익율조차도 연평균 10% 내외에서 3%대로 실질수익을 낮추어야 한다는 전망도 나오고 있습니다. 더욱이 뉴 뉴트럴인 오늘날에는 더욱 암울한 전망이 제시되기도 합니다. 주요 선진국들의 통화완화정책은 일시적으로 글로벌 금융시장에 안정적 흐름을 가져다주고는 있습니다만, 장기적으로 본다면 경제성장에는 부정적 영향을 끼칠 수밖에 없다는 지적을 피하기 어렵습니다.

지금 보면 파격적인 통화정책을 실시한 주요 선진국인 미국과 유럽 그리고 일본의 주가가 폭등을 하면서 정말로 세계의 경제성장은 발전하는 것처럼 보이고 있습니다. 하지만 그 영향에 따른 피해는 고스란히 아시아 신흥국가들로 돌아갔습니다. 원/달러 고평가에 의한 한국 수출기업인들의 역마진은 이제 수출에 의존해야 하는 한국경제로서는 막대한 손실로 나타나고 있습니다.

아마도 유럽중앙은행(ECB)을 설립해서는 유럽연합이 그리스와 스페인 등에 구제금융을 해주면서 막대한 자금을 풀지 않았다면, 지금쯤 유럽은 더 어려운 상황에 처해 있었을 것입니다. 사실 현대 사회에서의 금융의 메카는 영국, 독일 등 유럽의 국가였습니다. 여전히 100년 이상이 된 전통을 자랑하는 유럽의 각 대학에서는 금융계의 석학들이 배출되기에, 유럽이 미국과 어깨를 나란히 하는 것입니다. 나아가 유럽의 경제계는 단순하게 현재의 금융시장 연구를 포함해서 100년 앞의 미래를 내다보고 연구를 한다고 합니다.

유럽은 이처럼 EU로 묶여 금융위기를 무사히 극복할 수 있었고, 아시아 신흥국가들은 일본은 제외하면 세계의 금융전쟁에서 패했다고 볼 수 있습니다. 이 책을 보고 있는 독자 여러분이 앞으로 상황을 냉정하게 짚어보고 금융의 새로운 마인드를 정립하시라는 당부의 말씀을 미리 드립니다. 이런 시대이므로 옵션합성전략을 해야 할 필요가 있다고, 필자는 생각합니다.

제1장에서는 이러한 시대의 현주소를 이해하는 의미에서, 오늘날의 전 세계 주가를 살펴보고 거시경제학적 마인드로 시장을 이해하는 데에 집중하겠습니다.

2014년 종합지수지수는 2000포인트, 그러나 내 주식의 치명적인 손실…

항상 연말이면 연말 랠리라는 것이 작용해서 지수를 연중 최고가 근처까지 올려놓습니다. 그러면서 그다음 해의 연초에는 지난 연말 랠리 분위기가 이어지는 현상이 나타납니다. 2014년 초에도 미국시장이 지속적으로 상승하는 것을 보고는 국내의 모든 증권방송은 연초 증시전망을 상당히 긍정적으로 평가했습니다. 그러나 필자는 2014년만큼은 약간은 의구심을 가지고 시장을 바라보라고 증권방송과 각 대학 강의에서 알려드렸고 투자전략도 이에 맞게 보수적 관점으로 작성했습니다.

(코스피 월봉) – 2000~1900수렴권 3년 연속 진행 중

> **제1장** | 왜 당신은 옵션투자를 해야만 하는가?

왜냐하면 지수의 움직임은 현재의 경제 상황을 나타내는 것인바 각국의 이해관계가 복잡하게 얽혀 있을 뿐 아니라, 우리나라의 경우에는 긍정적 요소보다는 부정적 요소가 더 강하게 나타나는 신호가 곳곳에서 나타나기 때문이었습니다. 단적인 예로, 2007년 2,000포인트를 넘을 당시의 랠리와 지금의 2,000포인트 시대와 비교를 해보도록 하겠습니다. 당시에는 부동산이 꺾일 줄을 모르고 매일 오르면서 부동산과 주식시장이 고르게 상승랠리를 연출했던 시기였습니다. 하지만 지금은 2,000포인트를 넘나들지만 부동산불황에다가 주요 선진국의 환율정책의 최대 피해자로서 수출하는 기업들이 느끼는 체감경기 지수는 최악으로 치닫고 있습니다. 결국 당시와 지금 경기상황과 첨예하게 대립되고 있는 구조양상을 띠고 있다는 점 때문에, 같은 2,000포인트 시대지만 경제상황은 그때와는 첨예하게 다르다는 것입니다.

필자는 2014년 초 여러 증권시황을 알리는 자리와 대학 강단에서, 앞에서 말한 경기를 나타내는 두 가지 요소만 보아도 경기상황은 다르다는 의견을 여러 번 밝힌 바가 있습니다. 즉 국내적으로는 부동산시장의 침체, 대외적으로는 고환율 문제 때문에 최소한 앞으로 6개월은 지수 2,000~1,900 사이의 횡보등락인 수렴권이 이어질 것이라는 전망을 내놓았던 것입니다.

또한 실물경기 최악이라는 상황에서 역시나 지수는 최근 2,000포인트를 넘어가면 외국인들이 아시아 신흥국가들에게만큼은 관대하지 않아 수년째 고점돌파 문턱에서 매도세를 가세하여 지수상승을 막고 있는 것이 요즘의 상황입니다. 어쩌면 이런 상황이 거시적인 시각에서 본다면 맞는 이치입니다. 따라서 이제는 서글프지만 미국 유럽 주요 선진국들과의 디커플링을 인정하고 여기에 맞는 재테크를 해야 하는 시대로 접어든 것으로 보입니다.

딱 한 가지 기대를 해 본다면 수렴과 발산 이론에 따라, 2011년 8월 급락장 이후 2014년 8월까지 3년 동안 2,000~1,900 수렴권을 마치고 위로 올라가는 발산 영역으로 올라갔으면 하는 바람을 가져볼 따름입니다.

이에 관해서는 다음 장의 수렴과 발산 이론 편에서 상세하게 다루기로 하고, 어찌되든 간에 지수가 오르는 폭보다는 최근 종목이 오르는 폭이 더 적어서 개인 투자가들이 수익을 내기가 쉽지 않은 장이 이어지고 있는 상황입니다. 특히 예전에는 우량주라고 여겨왔던 내실이 든든한 가치주에 속하던 거래소 대형주조차도 지수는 2,000포인트 이상이지만 힘없이 반 토막이 나는 종목이 속출하고 있습니다.

현대중공업 - 30만 원대에서 반 토막으로 하락한 모습

최근 고환율 때문에 노동집약적인 산업이 전반적으로 중국 등의 저임금 국가에

밀려 고전을 면치 못하고 있는 것도 큰 문제입니다. 이런 상황이 지속적으로 이어진다면 결코 향후 장세도 그다지 낙관적이지는 않기에 앞으로 장밋빛 전망만을 언급해서도 안 됩니다.

최근 일본의 아베노믹스에 버금가는, 한국의 경제부총리의 이름을 딴 최경환노믹스가 실시되어서 1달러가 1,000원 이하로 내려가는 것은 막았습니다. 그러나 여전히 한국산업의 취약점은 그대로 드러나고 있어 예전 기술주의 중심이었던 휴대폰 관련주가 고전을 하고 있다는 사실입니다. 급기야는 삼성전기를 비롯하여 삼성전자도 중국의 저가 휴대폰 공세에 주도권을 빼앗기면서 실적부진으로 이어지고 있는 현실입니다.

전체적인 종합주가지수는 오르고 있다고 해도 이러한 실적 부진은 그 업종만큼은 큰 상승탄력을 받기는 힘들기 때문에, 차별화장세가 나타날 수밖에 없습니다. 즉 실적이 좋은 업종이나 턴어라운드 업종은 상승탄력을 받는 반면에 그렇지 못한 업종은 예전의 가격대를 생각하면 절대 안 되는, 참으로 주식하기 어려운 시대가 등장한 것입니다.

당분간 휴대폰 부품주는 조선주와 함께 중국의 추격 때문에 우리나라에서는 가장 힘든 주가 중의 하나가 되지 않을까 하는 생각까지 해 봅니다. 아래는 옐로우 칩 가운데에서 가장 가격탄력성이 좋았던 삼성전기의 차트입니다. 과거에는 10만 원 이하에서 저가 매수세가 들어오면서 반등이 크게 났던 반면, 현재 5만 원대로 반 토막이 난 상태에서도 반등이 나오지 않고 있습니다.

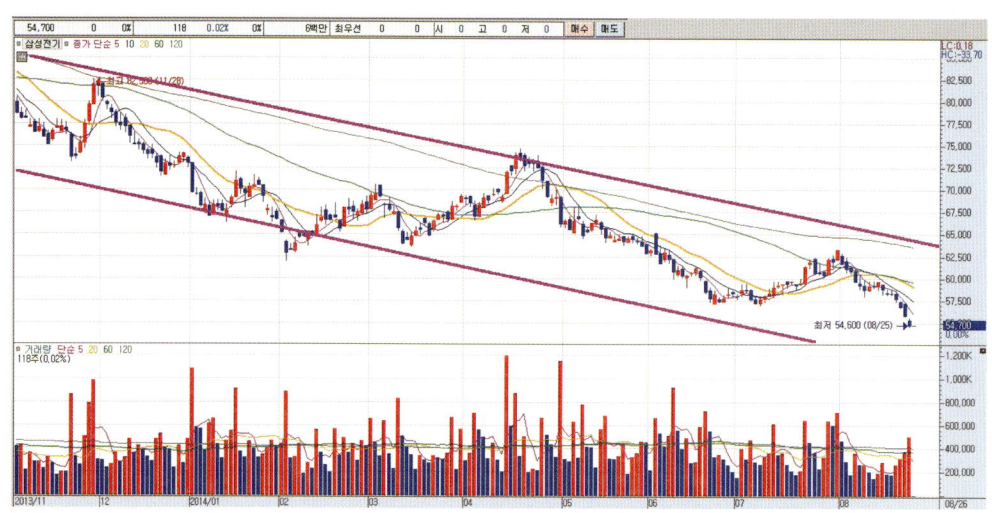

삼성전기 - 과거 10만 원대에서 반 토막이 난 모습

이러한 문제점 때문에, 이젠 지수가 2,000포인트 이상의 시대로 돌입했지만 주식만으로는 그다지 개인투자가들이 웃음 짓는 시대는 아니라는 것입니다. 더욱이 파생시장에서는 투기적인 매매로 인하여 매달 개인투자가만 1천억 원 이상 손실을 보고 있는 것이 지금의 현실이기도 합니다.

상황이 이렇다 보니, 여의도에서 자산운용사 출신이면서 옵션매도 트레이더를 전문으로 하던 저라도 독자 여러분에게 바른길을 알려드리고 새로운 투자의 길을 제시하고자 지난 3년 전에 출판했던 옵션전문서적에 이어서, 이번에는 경제학적 접근법을 시도해서 책을 펴내게 된 것입니다.

단순하게 보조지표나 차트에만 의존해서는 주식이나 파생상품 모두에 걸쳐서 수익을 내지 못하는 시대가 바로 지금입니다. 더욱이 주식은 차별화 장세가 두

제1장 | 왜 당신은 옵션투자를 해야만 하는가?

드러져서 증권방송만 보고 종목을 샀다가는 낭패를 보기 십상입니다. 최근에는 주식시장에 거래량도 더욱 감소하여 개인들이 선호하는 코스닥도 거래량이 예전과는 다릅니다.

따라서 코스닥도 지수 관련 대형주만 오르고 그 외에 어설픈 종목을 들어갔다가는 이 또한 반 토막을 각오해야 하는 장세입니다. 따라서 개인투자가들의 손실이 더욱 커지는 중입니다. 여기에 뒤통수를 치듯이 그동안 찬밥이었던 증권주 건설주 등이 오히려 시장의 주도주 역할을 하면서 지수만 올리고 있으니, 지수상승 대비 종목 수익을 내기란 더더욱 어렵습니다.

이러한 문제점은 비단 보조지표에 의존하는 매매를 했다는 것뿐만 아니라 지수와 종목에 대한 더욱 정확한 연구를 하지 않았기 때문에 나타납니다.

필자는 학계와 연계하여 대학의 연구소와 공동으로 지수를 연구하는 체제를 만들었습니다. 그 과정 중 하나로 경제학에서도 거시경제학과 미시경제학으로 나누어 접근하듯이, 또는 법학에서도 형법 총론과 형법 각론으로 나누어 먼저 큰 그림을 보고 다음에 세부적으로 각각의 사례로 파고들듯이, 이젠 지수예측도 거시경제적 관점과 미시경제적 관점으로 나누어 접근을 하는 전혀 새로운 접근법을 개발하여 이 책에서 집중적으로 알려드리겠습니다.

위의 종합지수 차트에, 앞으로 설명할 배박사의 수렴과 발산 이론의 원리를 도입한 차트를 보고 거시경제적인 측면을 한번 보겠습니다. 최근 10년간 2,000포인트를 넘는 장과 그 흐름을 분석해보면, 2007년 서울 강남의 부동산불패 신화를 써내려가면서 2,000을 넘는 랠리가 왔었고, 그 뒤 2010년 마지막 큰 장세가 한 번 왔음을 알 수 있습니다. 그리고 최근 3년 2,000~1,900의 수렴권으로서 매우 지리한 2,000 내외의 박스권 장세가 지금껏 이어지고 있습니다. 가장 첫 번째 2007년도에는 정책적으로 부동산 가격 상승에 매우 관대하여 서울 강남의 아파트뿐만 아니라 개발이 되지 않아 노후화된 지역조차도 뉴타운이라는 허울을 내세워 판잣집값을 3~4배나 올려주는 정책이 실시되면서, 부동산과 주가가 함께 오르는 랠리가 연출되었습니다. 그러나 그 뒤 2008년에는 이 후유증으로 2,000포인트에서 단숨에 1,000포인트까지 빠지는 급락장이 부동산버블의 붕괴와 함께 오고 말았습니다.

이는 단지 우리나라뿐만 아니라 전 세계 부동산과 주가가 급락하는, 이른바 "서브프라임 모기지" 사태와 함께 나타났으며, 지난 2000년 코스닥 열풍 이후 급격하게 걷잡을 수 없이 하락하는 한편으로 그 이후 부동산에 대한 개념이 완전히 바뀌는 일까지 초래되었던 것입니다. 그 전까지만 해도 부동산은 융자와 전세의 레버리지를 이용하여 임대아파트의 수량만 늘려 놓고 버티면 집값이 올라 손쉽게 부동산부자의 대열에 낄 수 있었습니다.

하지만 IMF 당시 대우그룹이 과도한 부채비율 즉 레버리지를 가장 많이 활용했다가 파산한 것처럼, 개인 부동산 또한 과도한 레버리지를 이용하면 파산의 길로 접어드는 확률이 높다는 인식이 비로소 자리를 잡게 됩니다. 결국 지수는 다시 2010년 2,230까지 오르면서 호황을 맞이하는 듯 했지만, 부동산시장에서는 거품이 빠지면서 실구매자만 세금의 혜택을 볼 수 있게 정책적으로도 1가구 1주택 이상에게는 과도하게 세금 정책을 적용시킨 결과, 더 이상 부동산에서의 자금유입은 되지 않았습니다. 결국 부동산이든 종합지수든 아니면 종목이든, 실구매자들만 구매를 하면서 거품이 전부 제거되었습니다. 따라서 예전처럼 대

제1장 | 왜 당신은 옵션투자를 해야만 하는가?

충 사면 오르는 시대가 마감을 한 것입니다.

결국 버블 붕괴를 수차례 거치면서 부동산도 투자의 개념에서 소유의 개념으로 완전히 자리바꿈을 하듯이, 이제는 분위기가 좋기만 하면, 철저한 분석과 연구 없이 주식을 하는 시대도 그 막을 내렸습니다. 특히 이런 의미에서 무늬만 IT기업이면서 실적이 없는, 코스닥에 무수한 기술주들이 퇴출되거나 적정주가로 곤두박질 칠 것은 너무나 당연한 이치입니다.

이 정도면 왜 옵션투자를 하여야 하는가 하는 동기부여 정도는 충분히 되었다고 생각합니다. 즉, 단순하게 오를 것이라고 생각하는 경제호황기의 시대는 끝났기 때문에 고도의 기술과 테크닉을 발휘해서라도 더 유리한 조건의 재테크 수단을 여러분은 이제 직접 찾아야 합니다. 물론 시대에 따라 가장 알맞은 재테크 수단의 흐름이 바뀔 수는 있습니다.

3천만 원으로 3천억 원을 벌었던, 독일에서 일반인 출신으로 재테크 거장이 된 앙드레 코스톨러니는 주식의 거장으로 알려져 있습니다. 하지만 그는 주식은 기본이고 부동산 채권 파생상품 등 다양한 수단으로 오늘날의 시대에 가장 유리한 재테크를 꾸준하게 실시한 인물입니다.

결국 거시경제적 관점에서 본다면 현재 유럽의 주요 선진국이나 미국은 주식과 부동산 시장에서 오히려 큰 수익이 나지만, 아시아의 신흥국가들은 매우 보수적 매매 접근법으로 리스크 관리에 주력해야 합니다. 따라서 전일 미국시장이 올랐다고 해서 무턱대고 다음날 아침에 낙관론을 가졌다가는, 저들 국가들과 전혀 다른 국내시장이 연출되면서 앞으로도 무수히 많은 뇌동매매로 손실을 볼 확률이 높아지는 것을 목격하실 것입니다. 하지만 이런 것들은 매우 서글픈 현실이 사실로 받아들여야 하는 것입니다.

> **요약**
>
> 한국의 통화정책의 부재로 인하여 2011년부터 3년째 수렴 중
> 해외 주요 국가들에 비해 어려운 경제여건 지속 중고도 경제 성장 시대에는 주식만으로도 수익이 났지만 이젠 새로운 재테크 수단을 찾을 때임.
> 대안책은 옵션합성전략

제1장 | 왜 당신은 옵션투자를 해야만 하는가?

 2절 | 왜 우리나라만 신고가를 넘지 못할까… 통화정책을 시행한 주요국가 거시경제적인 분석

주식시장에서 많은 투자자 분들이 평생 기억에 잊지 못할 사건은, 단언컨대 2011년도 미국과 과도한 재정적자에 따른 신용등급 강등 사건일 것입니다. 당시 우리나라는 역사상 가장 심각한 증상을 가져 온 국가적 홍역인 외환위기를 겪고 난 후였습니다. 그 여파로 경상수지흑자만 나면 달러를 사들여 이제는 세계 5위 외환보유 국가로서, 당시 외환보유고가 바닥을 친 트라우마에 다시는 빠지지 말자는 각오가 대단했습니다.

경기도 상당히 좋아졌고 저 자신도 그 무렵 지수는 미국을 하루 선행하는 국가가 우리나라라는 착각이 들 정도였습니다. 이렇듯 우리나라는 세계증시의 바로미터 역할을 충분히 했습니다. 당시 미국 CNN 뉴스에서조차 저명한 펀드매니저가 "나는 아시아의 조그마한 나라(한국)의 주가를 매일 유심히 보고 있다. 이 나라가 미국이나 세계증시의 선행하는 모습을 보일 때가 많아 이 나라를 기준으로 매매할 때가 많다"라는 발언을 듣고 이해가 되기도 했습니다.

그러나 불행은 미국에서 시작되었지만 우리나라가 더 큰 피해국가가 된 데에는 이유가 있었습니다. 그 무렵 2,230포인트의 고점권에서 미국 다우지수의 폭락으로 우리나라도 덩달아 고점대비 500포인트 정도 폭락하는 상황을 맞았습니다. 그 후 미국 유럽 등 주요 선진국들은 2011년도 고점을 이미 뛰어넘었습니다. 하지만 우리나라는 아직도 당시 고점을 돌파하지 못하고 3년 넘게 수렴권 답보 등락장에 갇혀 있는 것입니다.

2011년 당시에는 우리나라 경제를 너무나 확신하는 나머지 아마 미국이 신용등급 강등 사건 이후 궁여지책으로 마지막 수단인 돈 찍어대기, 즉 3차에 걸친 양적완화 조치를 실시하던 때였습니다. 그 때에는 어마어마한 인플레이션으로 돈 가치가 떨어져 망할 수도 있다는 전망도 나돌았을 정도였습니다. 하지만 뚜껑을 열어보니 먼 나라 불구경하듯이 지켜보던 아시아 신흥국 여러 나라의 상황이 더 어려워지게 되었습니다. 구사일생으로 살아난 것 같지만 사실은 매우 치밀하고 계산적으로, 금융의 메카인 유럽과 미국이 아시아 신흥국가들과의 통화정책에서 이겨서 세계경제를 더욱 굳건하게 휘어잡은 꼴이 된 것입니다.

이런 현상은 주가를 보면 바로 확인할 수 있습니다. 그럼, 미국 다우지수의 차트를 기간별로 철저하게 연구해보겠습니다. 2007년 미국발 서브프라임 모기지 사태가 있기 전에 미국에서는 신용 하나로 집을 구입하고서는 집값이 오르면 그 시세차익으로 더 큰 론(대출)을 해 주던 은행이 무너 지기 시작했습니다. 그 충격은 우리나라도 비슷했습니다. 우리나라가 2,000 포인트에서 딱 반 토막이 나서 1000포인트로 하락했듯이, 미국 다우지수도 14,000포인트에서 7,000포인트로 하락한 것입니다.

그 이후 어느 정도 이 후유증을 흡수하는 듯했으나 2011년 신용등급 강등이라는 치욕적인 사건이 나타났습니다. 이에 다우지수는 10,000포인트 정도로 하락했고, 그 이후 지금까지 꾸준한 상승을 하여 바닥 대비 70% 상승을 한 17,000포인트 정도에까지 육박하게 되었습니다.

제1장 | 왜 당신은 옵션투자를 해야만 하는가?

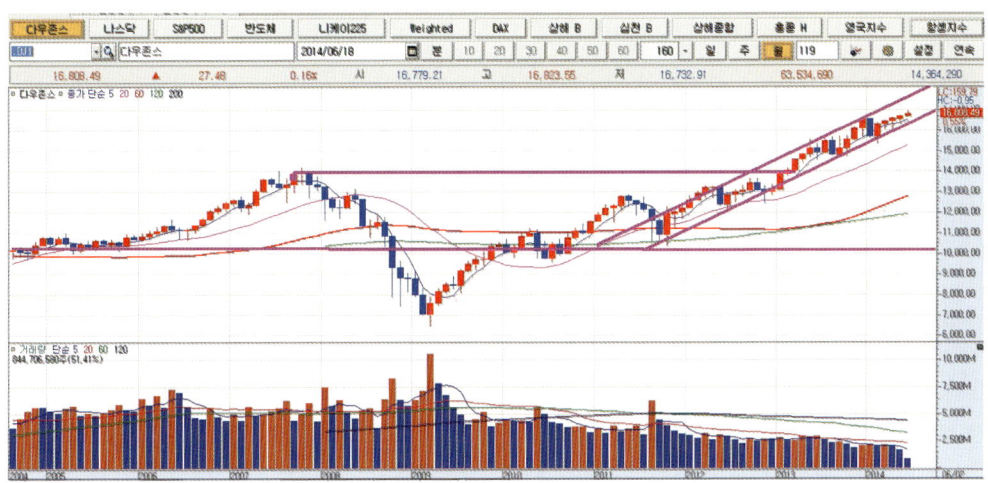

(미국 다우지수) – 10,000포인트에서 17,000까지 70% 상승

이렇기 때문에 제조업에만 열중하면서 금융을 소홀히 하거나 거시경제를 읽지 못하면 금융후진국으로 전락할 수밖에 없습니다. 원래 금융의 메카는 유럽이었는데, 미국과 유럽이 거의 동시에 양적완화조치를 단행한 것이나 다름이 없습니다.

2011년 당시 유럽의 그리스와 이탈리아 국가 등이 재정 위기 상태에 몰렸기 때문에 독일에 본부를 두고 있는 EU 중앙은행은 이들 국가에게 구제금융을 제공하기 위하여 엄청난 양의 돈을 찍었습니다. 그 무렵의 충격은 대단했지만, 지금은 오히려 미국보다 독일의 차트가 바닥 대비 상승폭이 월등히 뛰어나다는 것을 알 수 있습니다.

이들 국가는 금융에 있어서 이미 100년 앞을 연구하고 준비하는 나라들입니다. 미국에 비해 상대적으로 불리한 유럽은 힘을 모아 단일 은행을 만들었고, 이 때문에 유럽은 아시아의 1980년대 IMF로 각 국가가 타격을 받은 것과는 달리 별다른 큰 문제없이 유럽 전체가 다시 악재를 딛고 일어설 수 있게 된 것이었습니다.

그 무렵 우리나라의 자동차 회사는 독일의 B사나 O사의 차를 능가할 것처럼 기술개발과 투자에 박차를 가했습니다. 하지만 지금은 환율전쟁에서 밀리면서 매출은 늘어났을지언정 순이익이 급격하게 줄어들어서 더 이상 수출주의 주가가 오르지 못하는 기현상이 나타나고 있습니다. 이에 반하여 독일의 경우는 2011년 유럽의 재정위기 이후에 5,000포인트까지 떨어졌던 닥스 지수가 100% 상승해서 10,000포인트까지 달성한 상태입니다.

(독일 닥스지수) 5,000포인트에서 10,000까지 100% 상승

이렇게 글로벌적 즉 거시경제적 접근방식으로 보면 세계증시는 2011년 이후 바닥을 치고 상승 국면을 만드는 것이 정상입니다. 이른바 "동조화" 현상으로 미

제1장 | 왜 당신은 옵션투자를 해야만 하는가?

국시장이 전날 오르면 우리나라를 비롯한 아시아 국가들이 이어서 상승하는, 글로벌적으로 같이 오르는 것입니다. 이렇듯 평균적으로는 비슷한 지수로 움직인다는 현상이 증권시장에도 그동안 적용되었던 것입니다.

하지만 이 책의 뒷부분에서 공부할 아시아 국가 전체를 보게 되면, 지금 위에서 본 주요 선진국들과는 너무나 심하다고 할 정도로 그 차이가 엄청납니다. 안타깝게도 이는 어쩌면 논리적으로 보면 그럴 수밖에 없는 것이기도 합니다. 그래도 돌파구는 있습니다. 결론적으로는 주식이나 부동산보다는 파생매매를 하는 것이 그 돌파구입니다.

지금으로부터 약 4년 전 자산운용사에서 필자가 전문가로서 뜻을 품고 활동할 당시만 해도 파생매매에 대한 올바른 개념이 없어서 TV방송은 아예 하지도 못하고 있었습니다. 하지만 지금은 제 이름으로 이데일리 방송에서만 4년째 방송을 하고 있습니다. 또한 파생상품 관련 과목을 대학교의 연구소와 연계하여 연구하고 컨설팅을 해 드리고 있습니다.

파격적 변화라고 할 수 있습니다만, 사실은 아시아에서 주가의 움직임을 보면서 저도 수년 전 이런 상황을 예상하고 이에 대한 준비를 했다고 할 수 있습니다. 따라서 저의 지식이 여러분의 재테크에 조금이라도 도움이 될 수 있다고 생각합니다.

요약

미국, 유럽주요국가(대표적 국가 독일) – 금융위기 이후 대규모 통화 정책단행
그 결과 2011년 이후 주가는 신고가 돌파하는 모습

3절 아시아편의 거시경제적 접근, 일본과 여타 신흥국가의 주가 분석

아시아에서 위와 같은 통화정책을 실시한 국가와 그나마 유사한 모습을 보인 나라는 유일하게 일본입니다. 아마 이 내용을 자세하게 배우고 나면 2013년 한 해 동안 미국과 일본의 장이 지속적으로 오르는 가운데 우리나라만 소외되어 상당히 혼돈스러운 매매를 했던 이유를 알게 될 것입니다. 또한 향후 매매를 하는 데 있어 거시적 안목을 지니게 될 것입니다.

2012년 말 아시아에서는 최초로 일본 총리 아베가 미국과 유럽의 주요 선진국들의 통화정책을 답습하여 "아베노믹스"라는 통화정책을 실시하겠다고 선언했습니다. 이에 EU 주요 국가들이 환영한다는 의사표시를 하였습니다. 지난 세계의 역사를 볼 때, 근대에서 현대로 넘어올 때 가장 먼저 아시아에서 서양문물을 받아들여 아시아 대륙을 정복하겠다는 야망을 불태운 일본 역사가 말해주듯이, 기회가 오면 가장 빨리 모방하는 일본의 버릇은 이번에도 유감없이 그 본모습을 드러내 보였습니다.

미국의 채권을 두 번째로 많이 가진 채권국가이기도 한 일본만이 유일하게 서방 주요 선진국들의 눈치를 보지 않고서 새로운 통화정책을 단행할 수 있었기에 가능했다고 생각합니다. 게다가 일본은 1년 이상 금리동결을 유지한 우리나라와는 첨예하게 대립되는 정책을 실시하였습니다. 그 결과 일본은 잃어버린

경제대국의 장기간 침체에서 벗어나 2013년도까지 10,000포인트대의 수렴권에서 단숨에 15,000포인트까지 이르는 50%의 지수상승을 보여주었습니다.

만약 일본이 주요 선진국들의 통화정책을 받아들여 실시하지 않았다면 지금 우리나라가 일본을 따라잡고 더 빠르게 경제부흥을 하고 있었을지 모릅니다. 2013년 일본의 지수급등과 우리나라의 종합지수만 비교해 보아도 알 수 있듯이 한국경제는 여전히 힘든 상황을 겪고 있습니다.

우리나라도 일본이 통화정책을 실시할 때 그와 같은 정책을 실시하면 되지 않겠느냐는 질문이 나올 수 있습니다. 하지만 과연 우리나라가 그렇게 하려고 할 때 미국과 유럽의 주요 선진국들이 순순히 과연 승인해주겠느냐고 다시 되묻고 싶습니다. 금융의 이권 앞에서, 압박에 의해서인지 아니면 진짜 경기가 살아난다고 확신을 해서인지, 도무지 우리나라는 중앙은행이 금리를 인하할 생각을 하지 않고 있습니다. 이 점 또한 이해가 되지 않는 부분입니다. 국가의 정책에 맞서지 말라는 격언이 있듯이, 현재 국가의 정책이 현 상태를 그대로 유지하는 것에 주안점을 맞춘 것 같습니다.

결국 이렇게 되면, 통화정책을 실시한 국가들과 그렇지 않은 일본을 제외한 아시아 신흥국가들과의 디커블링은 더욱더 길어질 것입니다. 그런데 재미있는 것은 일본에서 2013년 중순 지수 급등 이후 지금까지는 15,000선대 등락수렴을 1년 이상 하고 있다는 점입니다

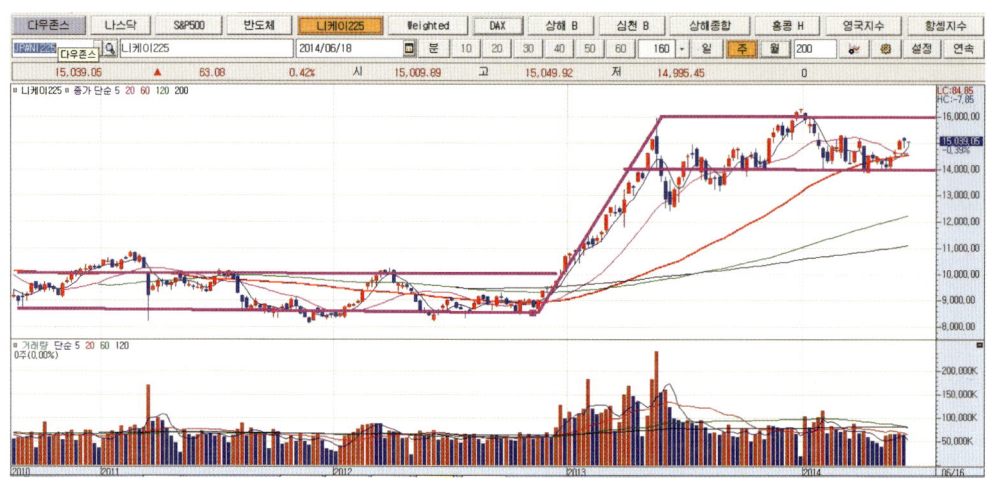

(일본 니케이지수) - 10,000포인트에서 15,000까지 50% 상승 후 수렴 중

즉, 2013년 중순 이후에 일본은 미국이나 유럽의 주요 선진국들과 다르게 다시 수렴권에 접어들었던 것입니다. 이것은 일본의 통화확대 정책에 의한 효과가 나타난 것으로 생각해도 좋습니다. 그 이후 문제는, 아시아 신흥국가의 경기가 살아나는가의 여부입니다. 그런데 위에서 본 바와 같이 뉴 뉴트럴 시대의 문제점인 통화정책의 부작용이 나타나기 시작한 것입니다. 즉 자신의 나라만 살아남은 뿐이지, 주변 국가들에게는 엄청난 피해를 끼친 것입니다. 이것은 아시아 신흥국가 경기전체가 정체상태가 된 것을 의미합니다.

즉, 일본만이 일시적으로 통화정책을 실시한 수혜를 입었던 것입니다. 일본은 특히 우리나라와 산업구조가 거의 비슷하여 엔저에 의하여 일시적으로 경기가 살아났던 것입니다. 그리고 지수 15,000 이상의 상승은 유럽처럼 EU 전체의 경기가 살아난다면 모르겠지만, 아시아 전체적으로는 정체가 지속되기 있기 때문에 일본도 더 이상의 지수 상승은 보여주지 못하는 것입니다.

● **제1장** | 왜 당신은 옵션투자를 해야만 하는가?

그럼 어느 정도 거시적인 안목이 생길 것입니다. 넓게는 EU 통합이라는 거대한 유럽의 금융과 오늘날 세계경제의 중심인 미국, 이 두 커다란 축의 통화정책은 아시아 국가들의 경기를 후퇴시키면서까지 자국을 살리려는 잔인한 정책을 폈던 것입니다. 이에 가만있을 수 없어 일본이 아시아에서는 가장 빨리 단독으로 그 정책을 답습하여 경기를 살렸던 것입니다. 하지만 그 외에는 여전히 힘든 박스권시장이 이어지고 있는 국가들이 대부분입니다.

아직은 통화정책을 단행하진 않았으나 미국의 채권을 가장 많이 가지고 있는 제1의 채권국가인 중국을 보도록 하겠습니다. 한때 중국에서 자유화와 개방화의 물결이 일어나면서 1,000포인트인 중국 상해지수가 2007년 정점을 찍을 때에는 무려 6,000포인트까지 올라갔습니다. 전보다 6배의 어마어마한 상승을 하였던 것입니다. 이때 해외펀드를 판매하는 증권사 직원들은 중국펀드에 추가로 가입하라고 목청을 높였습니다. 그 결과 3분의 1토막이 난 2,000포인트대에서 지금까지 5년간 횡보하면서 당시 가입했던 중국펀드 가입자들에게 고점매수의 결과가 이런 것이라는 것을 보여주듯이, 제대로 한방을 먹였던 것입니다.

마치 2000년도 코스닥 IT버블이 꺼지고 하염없이 빠진 코스닥 종목처럼 다시 고점에 오르리라고는 상상할 수 없을 정도로 바닥권을 수렴하고 있는 것이 지금의 현실입니다. 그런데 말입니다. 한국의 경제 성장률은 고작 2~3%임에 반하여 중국은 7~8%대 성장률을 지금도 기록하고 있다는 점입니다. 그렇다면 아시아에서 가장 영향력이 크게 팽창한 중국의 경제 지표를 나타내는 상해종합지수가 시원하게 올라가지 않는다면, 어쩌면 주변 국가들은 앞으로도 꽤 오랜 시간을 추가로 더해서 수렴권을 통과해야 할 것으로 보입니다.

최근에는 상해지수가 아예 2000 초반에 머물러 있습니다. 이에 우리나라도 그 눈치를 보는 듯합니다. 미국시장이 상승한다고 해도 중국 상해지수가 열리는 10시 30분에 상승분을 전부 반납할 뿐 아니라, 급락하는 장이 자주 연출되는 것만 보아도 이 같은 상황을 파악할 수 있습니다.

결국 미국다우지수의 상승보다는 중국상해지수가 2,150을 넘어서 그 위로 가지 않는 이상, 우리나라가 1인당 국민소득 2만 달러 시대를 맞는 요즘의 적정주가가 2,000포인트라는 공식을 인정하고 싶지 않지만 어쩌면 어쩔 수 없이 인정해야만 하는 시대가 도래한 것인지도 모릅니다.

(중국상하이지수) 바닥권인 2,000포인트에서 수렴 중

아시아 국가들은 이렇게 중국을 중심으로 긴밀하게 연결되어 있습니다. 즉, 미국주가에 못지않게 중국주가의 영향이 크다는 것입니다. 중국을 중심으로 소비

하는 중국 관련 섹터인 화학·기계·철강 등의 주가가 10시 30분, 그러니까 중국증시가 시작할 무렵부터 크게 움직이는 것도 모두 이러한 이유 때문입니다. 이렇게 대부분의 원자재 관련된 주가가 국가와 긴밀하게 연동되어 움직이기 때문에 이젠 미국보다 중국의 주가에 관심을 가질 때입니다.

이런 원리로 시장을 거시경제적 관점에서 보는 것이 중요합니다. 그런데 국가별 미시경제적 관점으로 세분화하여 보는 것도 중요합니다. 크게는 미국, 유럽, 그리고 아시아의 신흥국 등, 이렇게 3부류로 나뉩니다. 아울러 나라별로 분석을 한 뒤에 이에 관련되는 구심점이 되는 나라의 움직임을 이해하는 것이 중요합니다. 이런 의미에서 본다면 아시아 금융의 메카인 홍콩의 경우도 어렵지 않게 이해가 되실 겁니다. 홍콩은 이미 우리나라보다 금융이 개방되어 외국인들도 홍콩에서 매매하는 이들이 많습니다. 이른바 파생에서 "홍콩물고기"라고 불리는 외국인 파생집단이 있을 정도로 홍콩의 경제는 개방되었을 뿐 아니라 활성화가 되어 있습니다.

당연히 주요 선진국들의 금융문화를 빨리 받아들였기 때문에 그들과 비슷한 지수차트를 가지지 않을까라고 생각하기 쉽습니다. 하지만 오히려 아시아 신흥국가들의 전형적인 모습을 보이고 있습니다. 2007년도의 고점과 2008년도 저점의 중간 지수대를 6년째 옆으로 수렴 중인 것을 보면 이 점을 알 수 있습니다. 따라서 아시아에서 한국만 고점 돌파를 하지 못하고 처절한 불경기를 맞이하고 있다고 판단하면 안 되는 것입니다.

오히려 바닥권에서 수렴 중인 중국 상해지수와, 중앙 부근에서 수렴 중인 홍콩 항생지수를 비교하면 그래도 상단에서 돌파시도를 하고 있는 한국이 약간은 더 긍정적이라고 할 수 있습니다. 어쨌든 아시아 국가들에서 보이는 전체적인 경기 정체 현상은 어제 오늘의 일이 아닙니다. 한때 유럽과 미국이 휘청거렸을 때 역시 부지런한 아시아 국가들은 이제 어쩌면 세계중심이 될 수도 있다는 기대를 한 적도 있었습니다.

하지만 현실은 통화정책이라는 거대한 금융전쟁에서 아시아 경제가 완패하면서 지금은 확실하게 주도권은 서방의 주요 선진국에게 넘어간 상태입니다. 아시아 국가들의 이런 흐름을 이해한다면, 앞으로 여러분은 지금의 흐름에 맞는 재테크 수단을 찾아서 빠르게 지금의 주식시장에 적응하면 됩니다. 이상으로, 이 책을 보시는 독자 여러분은 전 세계의 경제 흐름을 거시적으로 충분한 고찰했으며, 국가별로도 고찰했습니다. 그렇다면 이제, 더 이상 망설이지 말고 옵션투자에 확신을 가지고 공부를 해 보라는 당부의 말씀을 드리고 싶습니다.

(홍콩항생지수) 상하단의 중심선인 20,000포인트에서 수렴 중

제1장 | 왜 당신은 옵션투자를 해야만 하는가?

요약

일본(아시아 국가들 중에 유일한 국가) – 대규모 통화정책 "아베 노믹스" 단행
유일하게 2013년도 주가 큰 폭 상승
중국 한국 홍콩 등 수년째 답보 상태의 대조적 모습

 그래도 희망은 있다. 서서히 오르는 한국 증시와 미시경제학적 현재 위치

4-1. 최경환노믹스에 의한 미시경제학적 위치

2014년 7월 말 드디어 기다리고 기다리던 한국에서도 경기부양책을 발표하였습니다. 이른바 "최경환노믹스"라는 이름으로 박근혜정부 2기 경제팀에서 경제부총리인 최경환 부총리가 거시경제정책을 내놓은 것입니다.

수년째 한국은행 총재는 국민들이 원하는 금리인하는 할 생각도 하지 않고 있었습니다. 그런데, 이번 경제개혁에는 두 손을 들고 금리인하를 하는 동시에 정부는 금년 하반기에 41조 원의 돈을 풀기로 하였습니다.

그리고 개인이 돈을 벌게 하려면 어느 정도는 부동산시장도 활성화가 되어야 하기 때문에 각종 규제를 풀어서 부동산 내수시장을 살리겠다는 강한 의지를 보였습니다. 이러한 의도는 2007년 같은 상승 랠리 때와 비교를 해 보아도 매우 바람직한 것입니다. 부동산시장도 살아나야 다시 주식시장으로 돈이 들어오면서 고르게 개인투자가들이 수익을 얻게 되고, 시장이 전반적으로 살아나기 때문입니다.

일본의 경우를 보더라도, 잃어버린 20년 이후 아베노믹스의 경제개혁의 결과로 그래도 과거 수렴권인 모습에서 니케이지수가 급등한 것을 확인할 수 있습니다. 따라서 이번 한국의 최경환노믹스도 주가에 상당히 긍정적으로 작용할 것으로 보입니다.

물론 가계부채 1,000조 원 시대에 또다시 빚잔치로 끝날 수도 있지 않겠냐는 우려의 목소리도 있습니다. 하지만 그렇다고 해서 가만히 손을 놓고 있을 수만은 없기에 이러한 개혁에 박수를 보내는 것입니다. 물론 세월호 참사 사건 등의 여파로 박근혜정부가 매우 어려운 상황에 있는 것은 사실입니다.

하지만 우리나라 역대 대통령 임기 2년 차에 정책을 재정비하고 주가에 활력을 불어넣은 결과, 통계적으로 새 정부 집권 2년 차에 주가가 가장 많이 오를 때가 많았습니다. 그래서인지 7월 말까지는 올해 고점인 2,020과 작년 고점인 2,050을 넘지 못하고 있다가, 경기부양책 이후에 들어서 고점을 단숨에 넘어서면서 2,093포인트까지 올라갈 수 있었습니다.

그리고 이제는 2,000~1,900의 수렴권은 이미 돌파한 상태가 되었고, 추세 상승의 수렴권 상승이 연속되고 있는 모습이 아래의 차트에서 보일 것입니다. 이 차트는 이데일리 증권방송에서 배박사의 선물꾸러미 시즌3를 여름에 시작하면서 한 번도 수정을 하지 않고 매 방송 때마다 적중한 수렴권 차트입니다.

아래 그래프에서 상승 수렴권이 지속될 경우에 하단은 3월 1,900 초반에 이어서 올해 고점인 2,020선이 하단 저점이 되면서 수렴권 하단이 점점 올라갑니다. 급하게 생각할 것 없이 상단도 이제는 자연스럽게 2,100이 되면서 수렴을 하면 할수록 상단도 올라가게 됩니다.

현재 긍정적인 종합지수 상승 수렴권 차트모습

이는 역시 대규모 경기부양책의 결과라고 볼 수밖에 없습니다. 물론 미국과 유럽에 이어 일본의 아베노믹스 이후 가장 늦게 실시한 감이 없지는 않습니다. 하지만 그래도 최경환노믹스에 의한 주가상승의 영향이 크므로 향후 한국의 주가에 한 가닥 희망을 안겨 주었습니다.

뒤에 나오는 수렴과 발산 이론을 통해서 확인되듯이, 주봉으로는 이 책이 나올 무렵에는 2,100~2,200의 지수대 안착을 더욱 긍정적으로 예측하게 해줍니다. 이 지수대는 2011년 8월 미국의 국가신용등급에 의한 급락장이 나오기 전의 고점 지수대이기 때문에 이 부근에서 상당한 시일 동안 수렴을 할 것으로 예상됩니다.

결국 내년쯤부터는 우리나라도 그 고점을 뚫고 넘어서 상당한 지수상승을 할 것으로 예상됩니다. 이것이 미시경제학적 관점에서 보는 한국증시의 현재입니다.

4-2. 중국 리커창 총리의 미니경기부양책에 의한 미시경제학적 위치

위에서 중국상해지수가 한때 6,000포인트까지 치솟았다가 현재는 2,000 포인트에서 수년간 수렴인 상태를 보았습니다. 이러한 상태가 상당 시간 동안 이어지자 중국상해지수도 한국과 마찬가지로 세계에서 가장 답답한 주가흐름이라는 오명을 벗을 수 없었습니다.

경제성장률 또한 7.5%대를 유지하는 상황에서 초기에는 중국도 팔짱을 끼고 관망하는 자세를 보였습니다. 하지만 중국의 리커창 총리도 2014년 7월 이후부터 칼을 빼들기 시작하였습니다. 지금까지 절대로 거시경제학적으로 큰 부양책은 사용하지 않겠다는 틀에서 서서히 자세를 바꾼 것입니다. 미시경제학적으로 그때그때 부양책을 내놓는, 이른바 "미니부양책"으로 아래 차트에서 보이는 바와 같이 2000포인트에서 드디어 7월 이후 상해지수가 상승탄력을 받기 시작했습니다.

그리고 중국증시가 오르자 우리나라도 비슷한 시기부터 동조화가 되면서 지수 상승이 나타나기 시작한 것입니다. 따라서 요즘의 시장은 두 가지 큰 변수로 나뉘게 됩니다. 하나는 전날 미국 다우지수의 결과가 그 다음날 우리나라 증시에 영향을 미치는 것이 기본흐름이었습니다.

여기에 또 하나는 장 개장 이후에 10시 30분을 전후로 해서, 중국 증시가 개장하면 일본을 제외한 홍콩과 대만의 증시와 함께 우리나라 증시가 요동을 치는 것입니다. 그도 그럴 것이 이제는 아시아에서 가장 영향력이 큰 나라가 미국보다 중국이 되어버렸기 때문입니다.

증시의 움직임으로 역설적으로 보아도 알 수 있듯이, 중국증시가 오르자 한국에서는 수출관련주나 기술주가 오르지 못하는 반면, 화학 기계철강 등 중국 관련 주식이 올라 지수가 급등하는 현상이 일어나고 있다는 것도 두드러지는 현상입니다.

아래는 미시경제학적으로 미니부양책의 효과로 최근 상승추세로 돌아선 상해지수입니다.

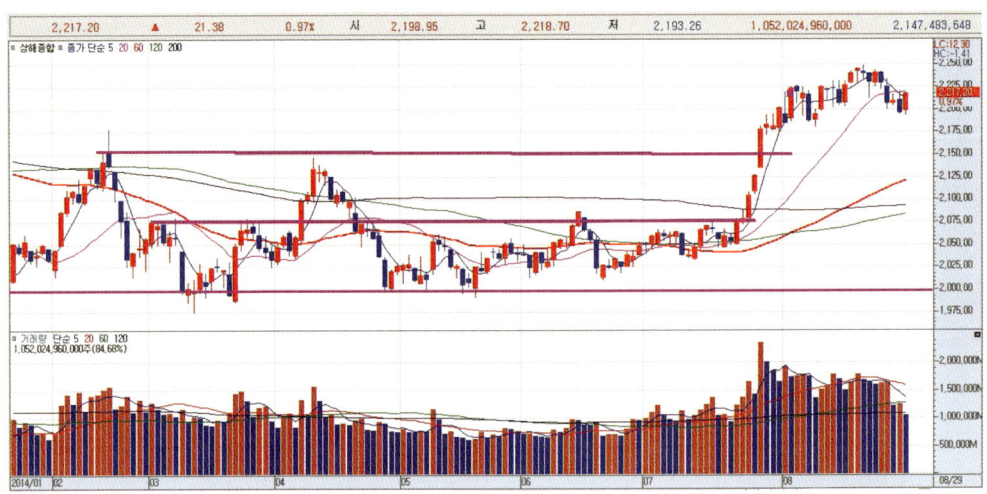

2014년 7월 이후 리커창 총리의 "미니부양책"으로 주가가 상승한 모습

상해지수와 우리나라 지수와의 상관관계가 더욱 긴밀해진 상황은 실제 양국의 수출입 비중으로도 증명이 됩니다. 이미 2003년 이후부터 대미국 한국의 수출입보다 대중국 한국의 수출입 비중이 더 커졌고, 그 결과 한중 교역이 전체의 20%를 차지한다고 합니다.

그런데 다행인 것은 한류 열풍에 힘입어 무역흑자는 600억 달러로, 한국의 최대 수출대상국이 중국이라고 하니, 중국과 한국의 증시가 더욱 동조화되고 있는 것이 쉽게 이해가 되실 것입니다. 그럼 여기서 중국상해증시와 한국 증시의 상관관계를 연구해보겠습니다.

상해지수 1차 저항선 2,075 코스피 1차 저항선 2,020(2014년 상반기 저항선)
상해지수 2차 저항선 2,150 코스피 2차 저항선 2,050(2013년 저항선)
상해지수 3차 저항선 2,200 코스피 3차 저항선 2,100(2014년 하반기 저항선)

이런 맥락에서, 상해가 2차 저항선인 2,150을 넘으면서 드디어 우리나라도 올해와 작년 고점인 2,050을 시원하게 돌파한 상태입니다. 이제 남은 2,200을 상해지수가 넘고 안착을 한다면 우리나라도 2,100을 넘어서 안착할 날도 멀지 않을 것입니다.

그 후로는 자연스럽게 2,100을 바닥으로 하여 고점을 2,200으로 보는 상당 기간의 수렴권 상태가 지속될 것입니다. 어쨌든 랠리식의 강한 지수상승은 아니지만 꾸역꾸역 오르기도 하고, 때에 따라서는 중국증시가 조정을 하면 아시아 신흥국 전체가 기간 조정을 겪을 수도 있습니다.

또 가끔은 미국지수가 문제를 일으켜서 피곤해지려는 순간에 급락장이 나오는 경우의 수도 있음을 잊지 말아야 합니다. 그러나 중요한 것은 미국의 다우지수는, 다음에 서술하겠지만 여전히 살아 있다는 것입니다.

이제 무엇인가가 새로운 시장이 아시아 신흥국에도 나타날 것으로 점점 기대를 모으고 있는 것도 바로 이 때문입니다.

즉 2014년 7월 전까지는 다우지수는 강한 상승을 보였으나 중국 상해지수가 2,000 초반에서 수렴권을 벗어나지 못하고 있었다는 점입니다. 강한 긍정의 힘이 나타나는 시점은 바로 7월 이후가 될 것입니다. 바로 이때부터 한국과 중국이 동시에 저점이 높아졌다는 것은 매우 긍정적으로 보아야 합니다.

하지만 그래도 세계금융의 중심인 다우지수를 미시경제학적 관점에서 세밀하게 분석을 해보아야겠죠?

4-3. 아직도 꺼지지 않는 미국 다우지수의 미시경제학적 위치

여기서 국가별 미시경제학적 위치는 마지막이자 전 세계 증시의 기준인 다우지수를 마지막으로 말씀드리겠습니다. 지금 다우지수의 흐름을 이해하시면 앞으로 몇 년간은 전 세계 증시의 거시적 움직임과 속임수를 구별할 수 있는 시야를 가지게 되는 것입니다.

가장 최근의 사례로 다우지수가 고점 부근인 17,000선에서 16,500선까지 급락을 하였고 그중에는 하루 동안에 올해 가장 큰 장대 음봉인 -300포인트가 하락하는 장이 나오기도 했습니다. 그 이후 약간의 추가 하락이 나오면서 최근 고점인 16,500선도 일시적으로 붕괴하는 모습도 나타났습니다.

여기서는 겁먹을 것 없습니다. 제가 이미 방송에서와 투자전략 시황에서, 미국

제1장 | 왜 당신은 옵션투자를 해야만 하는가?

시장은 다시 빠르게 17,000을 회복할 것이라고 알려드렸습니다. 그리고 지금은 보기 좋게 회복을 한 상태입니다. 그럼 여러분이 반문을 해야 할 차례입니다. 약간의 조정도 아니고 고점대비 약 600포인트의 하락은 추세하락으로도 가능성이 있지 않겠습니까? 라는 의문이 생겼을 것입니다.

이에 대한 답변은 단호하게 "No."입니다. 그 이유를 역사적이며 경험적인 논리로 설명해드리겠습니다.

첫째. 가장 중요한 것은 하락의 원인이 미국발 금융 악재로 시작한 것인지 아니면 주변 국가들의 문제로 일어난 것인지를 관찰하면 그 답이 나옵니다. 이번 하락의 원인은 우크라이나 사태의 악화에 따른 것으로서 한번 시작된 하락은 줄기차게 계속되었습니다. 그리고 마지막 하락은, 미국 오바마 대통령의 이라크 전면전 승인으로 인하여 우리나라 증시도 이날 변동성이 폭발하면서 외가 풋옵션이 88배 터진 날에 있었습니다. 모든 원인이 악재의 끝자락에 나오면서, 반등을 크게 할 수 있는 상황은 먼 나라의 전쟁 관련 악재에서 오는 것이기에 오히려 반등장이야말로 더 큰 수익을 낼 기회를 엿보는 장임을 눈치를 채야 합니다.

둘째. 2014년 2월의 경우에는 고점대비 10,000포인트 하락으로 더 큰 조정도 보였습니다. 하지만 이와 마찬가지로 바닥을 찍은 후 V자 반등이 멋지게 나오면서 상단까지 간 경험이 있습니다. 따라서 기술적 분석과 역사적 경험론에 의해서도 얼마든지 회복가능한 조정의 크기이지 추세하락 전환은 아니라는 것입니다.

셋째. 확실하게는 앞 고점인 16,500을 회복하는 순간부터는 300포인트 하락한 지점을 넘어서는 반등이 나올 것이라고 판단을 하고, 그에 따른 매수마인드를 가져야 합니다. 그리고 이런 상승 추세 선상의 수렴권이 앞으로도 수년간 이어질 것이라고 보시면 매매하는 데 많은 도움을 얻을 수 있을 것이라고 확신합니다.

상승 추세선상의 수렴권을 연속적으로 이어지고 있는 미국 다우지수

4-4. 문제는 한국 고환율의 결과로 수출주 부진에 따른 미시경제학적 위치

2011년 8월 미국 신용등급 강등으로 인하여 전 세계 증시는 충격을 받았습니다. 이제 미국은 끝났고 아시아로 세계경제의 중심이 넘어올 것이라는 기대가 나타났습니다. 하지만 당시 미국이 궁여지책으로 내놓았을 것이라고 판단했던 3차에 걸친 양적완화 조치는 이러한 생각을 완전히 깨부수었습니다.

당사자인 미국은 양적완화 조치를 실시하면서 이미 그해 말에 급락 전 고점을 넘었지만, 우리나라는 아직도 2011년 8월 급락 전 지수를 회복하지 못했다는 것이 문제가 된 것입니다. 그 원인 중에 가장 큰 것이 바로 환율문제입니다.

2011년부터 미국과 유럽이 돈을 찍어 풀어댔고 급기야는 일본도 이를 따라서 2013년부터 저들의 움직임에 합류하였습니다. 결국 아무 조치도 취하고 있지 않는 우리나라의 환율은 점점 고평가되면서 이제는 1,000원도 위협받고 있습니다.

더욱 안타까운 것은 2014년 7월까지도 한국은행 역대 총재들은 아예 금리인하를 할 생각이 없었다는 것입니다. 매달 둘째 주 목요일에 공교롭게 옵션 만기일에 금리발표를 하면서 7월 전에는 단 한 번도 금리인하를 하지 않았다는 것에 의구심을 가질 수밖에 없습니다.

결국은 7월 말 환율은 1,000을 깰 듯이 올라가면서 수출주들은 그동안의 어닝쇼크 수준으로 수익성이 급격하게 줄었습니다. 결국 2014년 7월 말 정부의 경제당국은 최경환노믹스를 발표하면서 한국은행 총재를 설득하는 만찬을 가진 후에야 금리인하 조치를 발표했습니다.

그 무렵 원/달러 환율은 1,000원을 붕괴할 듯하다가 다시 안정세를 찾으면서 1,040원까지 올라갔습니다. 그리고 3년 만에 종합지수가 2,090까지 단숨에 올라갔습니다. 즉 환율과 종합지수가 밀접하게 관련이 있다는 것이 단적으로 나타났던 것입니다.

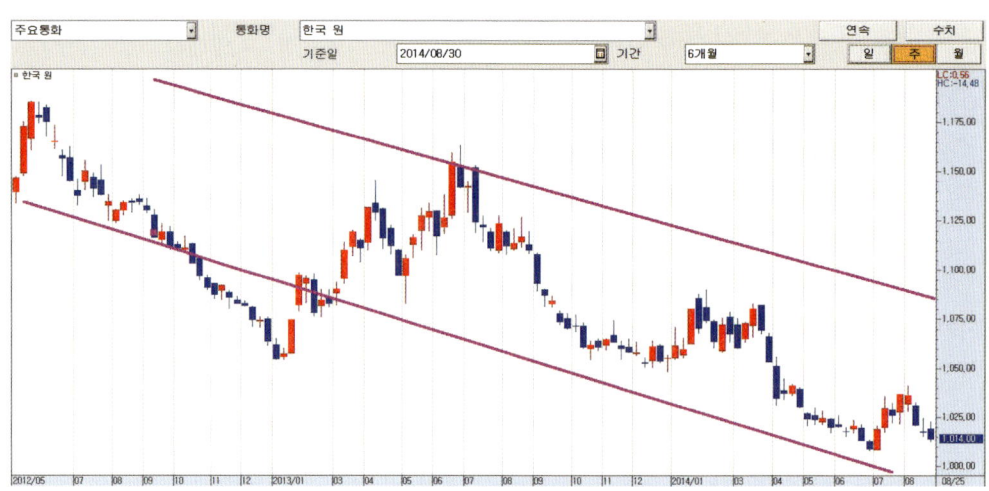

2014년 7월 1,000원 붕괴의 위협에서 겨우 반등 후 다시 2,014원으로 올라온 모습

그러나 금리인하와 여러 거시경제정책의 발표만으로 적정환율까지 내리지는 못했습니다. 다시 환율이 2,010원대로 내려가면서 여전히 종합지수는 2,050대에 머물러 있습니다. 이렇게 현상이 나타나는 이유는 특히 한국은 수출비중이 80%이기 때문입니다.

와, 뭐 이런 거까지 알아야 하나? 하지만 글로벌 경쟁시대에서 살아남으려면, 이제 여러분은 경제학원리 개념 정도는 알아야 합니다. 즉 환율과 종합지수와의 상관관계 정도는 알아야 되는 시대에 살고 있는 것입니다. 따라서 단순하게 종목이나 지수차트만 보아서는 안 됩니다.

한국의 적정환율은 1,085원입니다. 돈을 풀어서라도 이 적정환율을 맞추지 못하면 수출기업들이 아무리 물건을 많이 내다 팔아도 수익성은 악화될 수밖에 없습니다.

한국이 환율 때문에 고생한 적이 딱 한 번 있었습니다. IMF가 터지자 원/달러 환율이 3,000원까지 치솟았던 것입니다. 그러나 이때에는 외국의 물건을 살 때는 비싸지만 수출을 하는 입장에서는 매우 유리하기에 수출기업의 수익성은 양호했습니다. 그 결과 바로 1,000포인트까지 올랐습니다.

미국, 유럽, 일본 등은 바로 이처럼 자국의 돈을 찍어내서 수출기업들에게 상당히 유리한 환경을 인위적으로 만들어 주었습니다. 이렇지 못한 한국을 대표하는 기업인 삼성전자 차트를 마지막으로 보면서, 왜 옵션을 해야 하는가의 결론을 말씀드리겠습니다.

그동안 한국의 종합지수가 2,000포인트 이상 갈 때는 여지없이 삼성전자의 지수는 1,500,000원까지 올라갔습니다. 하지만 고환율 영향으로 지금은 1,200,000원도 붕괴된 상태입니다. 이뿐만 아니라 조선업종 등 해외수주에 의존하는 업종의 수익성이 악화되면서 주가가 고전을 면치 못하고 있는 것이 지금의 현실입니다.
이는 당장 해결될 문제가 아닙니다. 따라서 지수가 2,000포인트 시대에 안착했다고 해서 주식을 사면 오르겠지 하는 생각은 버려야 합니다. 그 결과로 이제 우량주라는 개념도 사라져야 합니다. 아래는 최근 고환율과 중국산 저가 스마트폰의 침공으로 고전을 면치 못하고 있는 삼성전자의 차트입니다.

이제 이런 종목을 대할 때는 한 번에 매수하고 가치를 믿고 기다리는 매매는 접어야 합니다. 추가하락의 가능성도 충분히 열어놓아야 합니다. 다음 장에 공개할 삼성전자 3개월 수렴의 법칙에 따라 매달 꾸준히 바닥에서 매수하는 분할매매 방식을 해야만 합니다.

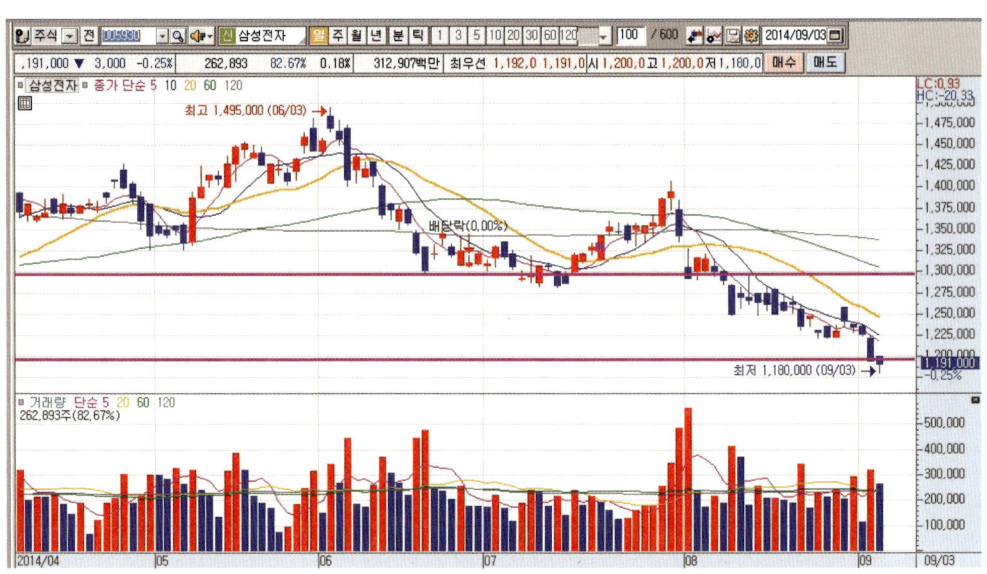

한국을 대표하는 삼성전자가 고환율 영향으로 120만 원 이하로 내려간 모습

그렇다면 차라리 옵션합성전략매매를 하는 것이 수익률 면에서도 더 유리합니다. 더 고도의 전략을 쓴다면 옵션합성전략으로 매달의 수익금으로 삼성전자를 매달 매수하면 됩니다. 매수한 삼성전자는 대용을 잡으면 옵션의 증거금으로 활용이 가능합니다. 따라서 분할매수를 하는 중에도 현금과 같이 사용할 수 있습니다.

지금은 차별화장세로 가는 종목은 한번 가면 크게 가지만, 문제가 있는 종목은 대형주건 과거 주도업종이건 따질 것 없이 한마디로 죽을 쑤고 있습니다. 이러한 현실을 한탄만하고 있어서는 안 됩니다.

고도로 발전하는 사회일수록 연구하고 노력하는 자는 살아남습니다. 또한 과거에 집착하는 자는 도태될 것입니다. 따라서 왜 옵션매매를 해야 하는가는 이상의 모든 내용을 통틀어서 충분히 설명이 되었을 것이라고 생각합니다.

> **요약**
>
> 일본의 아베노믹스 통화정책으로 더욱 어려워진 한국 증시
> 그러나 최경환노믹스로 최근 3년 고점은 돌파한 상태
> 중국의 리커창 총리의 미니부양책으로 중국증시 상승탄력 중
> 문제는 한국의 환율이 적정환율로 안착할 때까지는 안심은 금물

제1장 핵심 내용 및 전망

이 책을 편집하는 지금도 세계경제는 큰 변화를 맞고 있습니다. 하지만 이 책의 내용은 수정하지 않았습니다. 왜냐하면 글을 쓸 당시의 경제 상황을 주가와 연결시킨 내용이기 때문입니다. 따라서 이 책의 내용은 책이 쓰일 당시까지의 상황을 이해하는 데에 주안점을 두어야 합니다. 물론 지금부터 앞으로의 시장에 대해서는 새로운 연구를 해야 합니다.

환율전쟁의 결과로, 미국과 유럽 그리고 일본 등의 주요 선진국들에서는 이미 작년부터 디커플링이 시작되었습니다. 그 결과 글로벌증시를 비교하는 데에는 많은 위험이 뒤따릅니다. 게다가 최근에는 또다시 엔저와 달러 강세의 여파로 국내 주식시장에서 2,000선이 붕괴된 상황이기도 합니다.

이로써 2,090선을 고점으로 또다시 하락하는 추세로 접어들었다고 해야 합니다. 즉, 중국증시와도 디커블링이 시작되어, 아시아의 신흥국가들은 이제 독자노선을 걸어야만 하는 상황을 맞이하게 된 것입니다. 그렇다고 해서 2,000을 다시 회복한다고 해도 세계 주요 강대국가들과의 이해관계상, 이전과 비슷한 흐름으로 가기는 앞으로도 어려울 것으로 생각됩니다.

그도 그럴 것이 그동안 대형주가 지수를 받혀준 반면에, 지금은 수출주인 현대차 삼성전자의 주가가 힘 한번 제대로 쓰지 못하는 장이 왔기 때문입니다. 결국 수출을 위주로 하는 우리나라 경제는 엔저 현상과 중국 제품의 저가 공세에 밀려 내년에도 힘든 상황을 겪어야 할 것으로 예상됩니다. 앞으로 매일의 시황은, 이데일리온 투자전략이나 저의 다음카페에 올리고 있으니 이를 참조하시면 됩니다.

배박사의 옵션합성 전략매매

2 | 이제 옵션합성전략의 기초개념을 이해하자

제2장
이제 옵션합성전략의
기초개념을 이해하자

1절 수렴권 장세에서 보수적 매매의 기본은 옵션매도이다!!!

위에서 우리는 왜 옵션투자를 해야만 하는가의 이유와 근거를 연구했습니다. 묘하게도 자국의 실익을 위하여 주요 선진국들은 이미 통화정책이라는 승부수를 구사해서, 철저하게 아시아 신흥국가들의 부를 쟁탈하는 효과를 얻었습니다. 그 결과 우리나라와 같이 3년 수렴은 기본이고 5~6년 수렴한 국가들도 있다는 점을 파악해서, 이제는 시급하게 재테크의 기준을 바꾸어야 할 때입니다. 지금과 같이 부동산침체기 주가 침체기 때에는 공격적 매매로 큰 수익을 낼 필요가 없습니다. 왜냐하면 시장 평균수익률이 낮아졌기 때문에 연 수익률을 은행이자인 3~4%의 두 배인 6~8%만 낸다고 해도 투자자들은 만족할 것입니다. 결국 파생도 투기적 매매를 할 필요가 없습니다. 따라서 시간가치를 추구하는 차익거래에 비중을 크게 두고 수익률도 좀 더 보수적으로 낮추어도 되는 것입니다.

한국의 전설적 트레이더인 선경래 씨는 유일하게 개인매매자로서 1천억 원대 자산으로 불린 후에, 지금은 월 2%씩 수익을 내는 합성매매로 전환을 하여 매년 20% 정도의 안정적 수익을 내고 있다고 합니다. 자금이 1천억 원의 경우 연 20% 수익이면 금액으로 200억 원이며, 이 정도의 수익을 안정적으로 올리고 있다고 합니다. 이보다 더 좋은 재테크 수단은 없다고 보아도 좋을 것입니다.

그런데 요즘은 여기저기서 말도 안 되는 이론을 가지고 나와서 마치 시장의 흐름을 다 알아맞히는 절대적인 기법이라고 큰 소리를 칩니다. 하지만 절대 그런 것은 없습니다. 이 책에서도 철저하게 차트는 있는 그대로에서 오로지 굵은 분홍색선만 그을 뿐이지 그 밖의 지표는 추가하지 않았습니다.

그리고 그 외에는 누구나 볼 수 있는 HTS상 자료를 과학적으로 연구하고 검증된 내용만을 매매에 적용했습니다. 이렇게 가장 과학적이고 유리한 매매가 옵션매도이며 이를 주무기로 하는 매매가 바로 옵션합성전략입니다. 따라서 옵션합성전략만이 살아남는 길이라고 보면 됩니다.

저는, 이 글을 보고 있는 독자 여러분 또한 언제든 선경래 씨와 같은 자금을 운용할 기회를 얻을 수 있다고 생각합니다. 따라서 독자분들은 이 매매의 원리를 충분히 이해하기 위하여 여기서부터 옵션매도에 대한 집중적인 공부를 해야 합니다. 3년 전에 낸 교재와는 달리 이번에는 아래 나온 옵션결재 월별시세표를 자기 것으로 만드는 공부가 필요합니다. 여러분도 이에 동참해주시기 바랍니다.

먼저 아래 결제월별시세표는 그 유명한 8월물 옵션이며 예술에 가깝게 매매를 했기에 좋은 교본입니다. 일단 가장 먼저 2종목을 만기 도래 2주 전, 즉 달력으로 월초에 진입 시 뽑아놓은 것을 보고 공부하도록 하겠습니다.

만기 2주 전 8월 옵션결제 월별시세표

- 행사가 콜275 – 종합지수환산 2,113포인트
- 행사가 풋245 – 종합지수환산 1,882포인트

위의 두 종목을 매수하는 계좌 1개와 매도하는 계좌 1개의 옵션 만기 시 움직임을 보면, 시간이 지남에 따라 왜 매도가 유리한지를 저절로 터득하게 될 것입니다.

첫째, 매수한 계좌의 만기 시 수익이 나는 구간 종합지수로 2,113포인트를 돌파하거나 종합지수 1,882포인트를 하회할 경우 수익(양매수)
둘째, 매도한 계좌의 만기 시 수익이 나는 구간 종합지수로 2,113포인트와 종합지수 1,882 사이에서 만기가 형성되는 경우 수익(양매도)

위 결제 월별시세표에서 초보자들은 행사가를 쉽게 이해하려면 옆에 지수환산을 생각하시면 됩니다. 콜275는 종합지수 2,113포인트이며 콜275 매도자는 2,113포인트를 넘지 않으면 만기 시 수익이 납니다.

결국 위에 거시미시경제적 연구에 의하면 한국이 큰 상승은 나오기 어렵기 때문에 이런 종목은 매도로 진입하는 게 수익이 날 가능성이 큽니다. 풋245는 종합지수 1,882포인트이며 풋245 매도자는 1,882를 하회하지 않으면 만기 시 수익이 납니다. 이 글을 쓰고 있는 시점이나 그 이후 올해 연말까지도 글로벌 증시에 큰 폭락이 오긴 어렵기 때문에, 아래로도 하락이 나오기 힘들어 이 정도 거리의 풋매도자들은 안전하게 수익이 날 것입니다. 즉 콜275와 풋245를 매도로 접근하는 매매는 기본적으로 수익이 나는 구조라고 보시면 됩니다. 단, 옵션매도자는 매도를 진입한 가격의 프리미엄 이상 수익을 내지 못하기 때문에, 월 단위의 안정적 수익을 낼 수는 있지만 한 달에 큰 수익은 절대 낼 수 없습니다.

그러나 지금도 살아남은 자산운용사의 경우를 보면, 대부분 방향성매매나 선물

신호매매를 하는 쪽이 아니라 옵션합성전략을 구사하는 쪽만이 꾸준하게 수익을 내고 살아남고 있습니다. 더욱이 한때 수천억 원을 벌었다고 하면서 이름을 날린 개인투자자들은 전부 지금과 같은 수렴권장에서는 모두 투자금을 날리게 되어 있습니다.

그래서 한때 큰 추세장에서 수익을 낸 영웅담이라든가 매일 선물로 꾸준한 수익이 난다는 신호 또는 옵션가격에 답이 있다고 하는 옵션가격이론 등으로서, 이 시장에서 규칙적으로 수익이 나는 매매는 절대로 없다고 보시면 됩니다. 그러나 위에서 언급한 바와 같이 현 상태는 70년대와 같은 호경기도 아니고 그렇다고 국외적으로 큰 악재가 덮쳐 경기후퇴기가 오는 시기도 아닙니다.

즉 옆으로 계속 횡보하는 경기정체기 정도이기 때문에 이런 장에서는 옵션매도에 의한 프리미엄의 하락의 결과로 수익이 적습니다. 하지만 안전한 재테크 수단임에는 틀림없습니다. 만약 옵션매수를 했을 경우에 수익이 날 확률이 얼마나 힘든가를 아래 수익구조를 보면서 알려드리도록 하겠습니다.

위에서 최외가격 콜277.50의 경우를 차트로 보겠습니다. 월물 초가격이 0.50이었고 이때 매도를 1계약 진입했다고 가정한 것입니다.

진입가 0.50인 상태에서 현재 만기 이후 며칠이 지나자 프리미엄이 하락하여 현재가격이 0.12로 하락했습니다. 결국 옵션가격은 0.38(0.50~0.12) 손실로 승수제 때문에 0.38×5=1.90, 즉 옵션매수자는 19만 원의 손실을 지금 기록하고 있습니다. 다음에 소개할 법칙 중에 최외가 결제불변의 법칙에 의하여 결국 만기일까지 끌고 가면 휴지가 됩니다. 따라서 0.50×5=2.50, 즉, 25만 원 프

제2장 | 이제 옵션합성전략의 기초개념을 이해하자

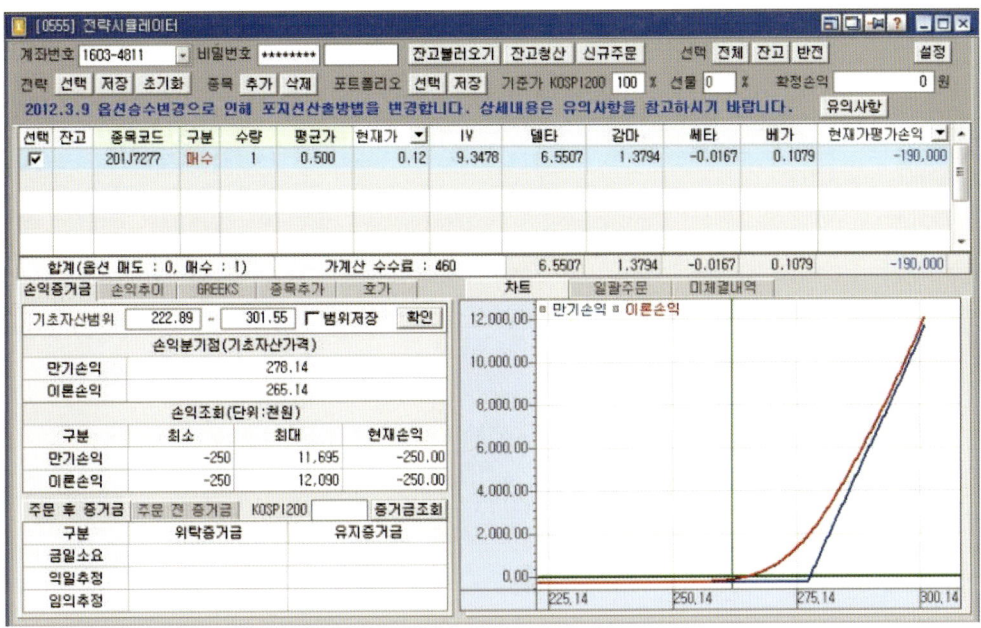

콜277.50을 만기 2주 전에 진입하고 2주가 지난 모습

리미엄은 옵션매수자는 전부 날리게 되는 것입니다. 물론 일시적으로 이런 외가격의 가격이 올라가는 때도 있습니다. 하지만 만기일 기준으로 종합지수가 2,132포인트를 넘지 않으면 옵션매수자는 한 푼도 건지지 못하게 됩니다.

이런 구조는 선물에는 없지만, 옵션이란 상품은 1달에 1번씩 프리미엄이 죽는 상품이므로 가능합니다. 자, 지금까지 흥미를 위하여 아주 쉽게 옵션종목과 만기 시 종합지수로 몇을 넘지 않으면 매도자가 수익이 난다는 것을 개괄적으로 배웠습니다.

이젠 좀 더 전문적으로 금융공학적인 접근을 다음 장부터는 다루어 보겠습니다. 이번 장을 잘 이해해야 다음 장에 나오는 여러 가지 이론을 이해할 수 있습니다. 그러니 확실히 반복하고 또 반복해서 확실하게 본인 것으로 마스터하시길 바라는 당부의 말씀을 드립니다.

> **요약**
>
> 옵션은 1달에 1번씩 프리미엄이 죽는 독특한 구조의 상품
> 철저하게 옵션매도로 접근해야만 승률을 높일 수 있음

2절 옵션매도의 시간가치 하락이란 이런 것이다!!!

이제 옵션의 깊이 있는 공부를 하기에 앞서서 아래 옵션결재 월별시세표가 사실은 옵션기초공부의 전부라고 할 수 있습니다. 처음 옵션을 접하시는 분은 처음 한 달 동안 매일 결제월별시세표를 출력해서 한 달의 움직임을 보는 공부를 무조건 해야 합니다.

그러면 저절로 외가옵션의 프리미엄과 등가 내가 옵션의 차이점을 알게 될 뿐만 아니라 절대 외가 옵션을 매수해서는 안 된다는 것에도 눈을 뜨게 됩니다. 마침 이 책을 쓰면서 2014년 8월 옵션의 경우에는 7월 만기지수가 259에서 한때 274까지 올라가서 콜옵션이 10배 이상 터진 장이 나오기도 했습니다.

더욱이 다시 급락을 하여 풋에서 최대 80배가 터졌지만 결국 옵션만기지수는 265.88로 거의 7포인트 오르는 평범한 강세만기가 되었습니다. 지금부터는 그 무시무시한 8월물을 어떻게 안전하게 10% 수익을 추구하고 꾸준히 월 10% 수익을 냈는지에 대한 논리적인 이론을 비롯해서 매매에서의 혁신적인 방법까지 상세하게 언급해드리겠습니다.

자, 그럼 위에서 구체적으로 언급했던 만기 2주 전 종목의 가격과 지금 가격의 차이점을 먼저 보도록 하겠습니다.

만기 2주 전 선물지수 : 260.60 당시옵션가격 : 콜275 -0.23 풋245 -0.49

만기주 초 선물지수 : 261.85 로 상승했으나 콜275 -0.07 풋245 -0.18

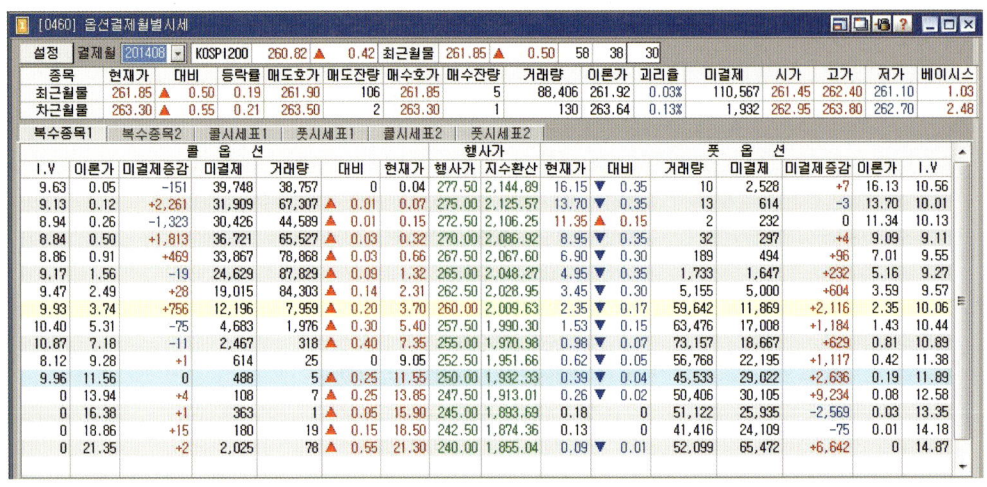

만기 2주 전 진입 이후 2주 정도가 지난 8월 옵션결제 월별시세표

여기서 눈으로 직접 놀라운 광경을 보시면 옵션매도가 얼마나 유리한지를 바로 확인할 수 있을 것입니다. 아마 이것은 국내 최초로 이야기식으로 옵션매도의 유리한 점을 풀어쓰면서 거기에 맞게 자료를 제공하는 학습일 것입니다. 부연 설명하면, 옵션만기일은 매월 둘째 주 목요일마다 있습니다. 예전에는 옵션프리미엄이 상당히 높았기 때문에 만기주에 차월물을 진입했지만 이젠 그보다도 낮아져서 만기 2주 전에 진입을 해야만 합니다. 〈매우 중요한 팁 1개〉

그리하여 만기 2주 전, 즉 달력으로 월초에 진입할 당시의 선물의 가격이 260.60이었고 그로부터 2주 정도 뒤에는 지수가 더 올랐습니다. 위의 결제월

별시세표를 출력할 당시 261.85였고 2주 전보다 선물은 1.25가 올랐음에도 불구하고, 양외가 옵션은 전부 가격이 하락하였습니다.

필자가 이데일리온에서 회원들과 실전을 하면서 더욱 세련되게 매매를 하는 또 하나의 방법은, 이렇게 양 프리미엄이 반 토막 이상이 나서 월 10% 이상의 수익이 나면 미련 없이 이번 물은 정리를 하는 것입니다.

정리를 하는 이유는, 다음에 공부하겠지만 2주 정도가 조용하게 시간이 지나면서 내재변동성(I.V)이 급격하게 하락하면서 오히려 위험하게 움직일 수 있기 때문입니다. 그래서 주의를 해야 하는 것입니다. 즉 지수가 급등락을 하면 변동성마저 폭발을 하면서 싸구려 외가 옵션이 폭등을 할 수도 있는 것입니다. 따라서 요즘에는 가격이 만 원 이하로 내려가면 미련 없이 정리를 하는 것이 좋습니다. 〈매우 중요한 팁 2개〉

즉, 필자가 말하고 싶은 것은 이론적으로 옵션매도가 유리하다는 것에서 끝나는 것이 아니라 더욱 고차원적인 내용입니다. 기존에 출간된 오래된 책을 보거나 저도 책을 처음 출판할 때만 해도 가격이 만 원 이하로 내려가면 그다지 경계를 하지 않아도 되는 장이었습니다.

하지만 이제 3년이 지나고 업그레이드된 시장에서는, 필자는 더욱 발전된 지식을 전달해야 한다고 생각합니다. 따라서 단순하게 매도가 유리하고 매도 친 옵션가격이 줄어들면 안심하라는 식의 매매는 잘못됐다는 것을 알려주고 싶은 것입니다.

또한 때에 따라서는 시장이 위로 가는 것은 힘들기 때문에, 콜매도는 안전하다는 생각도 이제는 버려야 합니다. 만약 위의 2014년 8월물의 경우 전 만기지수가 259였으면 위로 만기지수 10포인트 법칙에 의하여 269를 넘기 어렵다고 생각하는 것이 보편적 매매법입니다. 콜275 가격 또한 0.07로 사망 직전까지 갔다고 해서 무방비로 놔두었다면 또는 이런 가격이면 남은 증거금을 풀로 추가 매도를 쳐도 괜찮겠다는 생각은 누구나 할 수 있습니다.

아마도 매매를 하고 계신 분이라면 2014년 8월 선물이 어떤 움직임이었는지 아직도 기억이 생생하실 것입니다. 아래는 265를 넘지 못하다가, 이데일리 배박사의 선물꾸러미에서도 금요일 방송에서 다음 주부터 265를 넘을 경우에 있을지 모를 콜변동성 폭발에 대한 경고를 한 후에 나타난 선물의 움직임입니다.

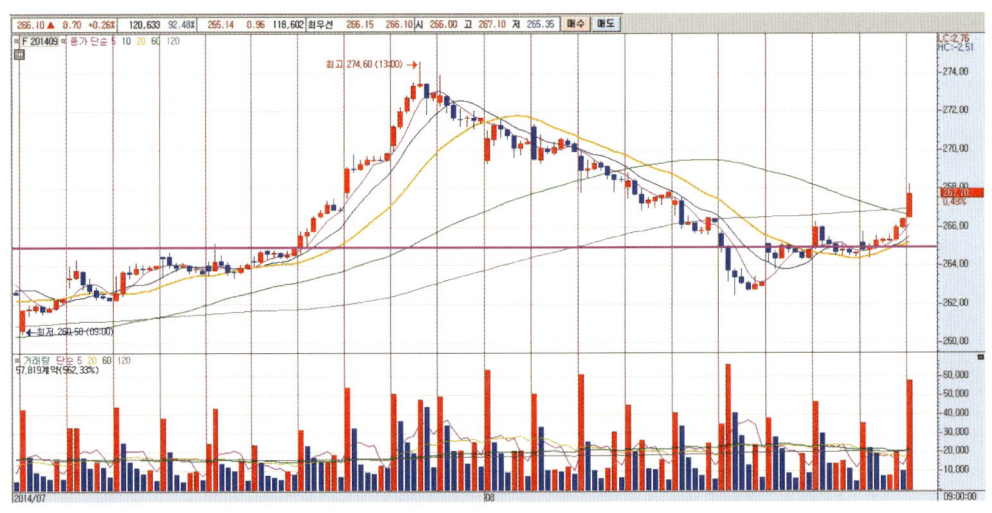

2014년 8월 선물이 265를 돌파하자 콜변동성이 폭발할 당시 선물 모습

이런 변동성 폭발의 장세 속에서 살아남았던 아주 핵심적인 노하우는 바로 만

기 2주 전에 일찌감치 차월물 옵션으로 진입했다는 것과, 일정 수익이 난 후에는 또다시 차월물로 이동을 했다는 데에 있습니다.

이것이 별것 아닌 것 같아도 감마리스크를 최소화하고 변동성 폭발하는 장에서도 수익을 내고 나오는 놀라운 방법입니다. 안타깝게도 여의도에 많은 자산운용사들 그리고 합성위주로 매매하는 일반인들이 이런 장에서는 큰 손실을 보았다는 것입니다.

일단은 여기서는 시간가치하락(Theta)에 대하여 공부하기로 했으므로, 감마(Gammar)와 내재변동성(I.V)에 대해서는 다음 절에서 공부하기로 하고, 대체적인 옵션의 움직임을 설명하겠습니다.

재미있는 것은 위의 선물차트를 보면 이해되시겠지만 큰 변동성이 월말과 월초에 잘 나온다는 점입니다. 즉 옵션만기일인 둘째 주 목요일부터 월말까지 프리미엄을 죽인 후 변동성이 폭발할 때에는 옵션가격이 난리를 부린다는 것입니다.

콜275가 앞에서 0.07까지 하락했다고 했는데, 그 뒤 선물이 275 근방까지 올라서 등가격 비슷하게 커졌으니 당연히 1.00~2.00정도는 안착을 했을 것입니다. 그럼 최소한 10배 이상 옵션가격이 커지는데, 이것이 한마디로 감마리스크인 것입니다.

그다음은 또다시 275까지 오른 후 줄기차게 하락을 해서 선물로 265를 하회하고 최저 263 근방까지 하락을 한 뒤로 풋옵션이 최대 80배까지 터졌습니다. 변동성이 폭발하면서 이번에는 풋옵션이 급등을 한 것입니다. 이렇게 쎄타값 즉 시간가치의 하락을 주 수익으로 취하려다가 1년에 1~2번 큰 변동성이 일어나는 장에서 옵션매도자는 큰 위험에 빠질 수 있습니다. 이 점은 몇 번이나 강조해도 부족하지 않습니다. 만약 이런 장에 손실이 났다면 제가 방송에서 자주 말하는 옵션합성 1~2년 차로서 가장 위험할 때입니다.

사실 결과론이긴 합니다만, 다사다난했던 8월 옵션만기일 결제지수는 265.88로 마감하면서 위에서 관찰했던 외가옵션은 결국 전부 0.01로 죽고 말았습니다.

8월물 만기일 결제월별시세표 – 전 만기 대비 약 7포인트 상승 마감

요약

옵션은 쎄타(Theta)값 하락에 의한 시간가치 하락을 한다는 것은 기본개념이다. 하지만 변동성 폭발과 감마리스크 노출에 의하여 옵션매도가 위험해질 수도 있다. 이를 방지하자면 첫째 만기 2주 전부터 차월물을 진입하고, 둘째 10% 수익 또는 목표수익 달성 시 남은 프리미엄은 포기하고 정리하는 것이 좋다.

만기일 날 결제지수와 외가옵션과 극내가 옵션의 차이점을 알자

위의 8월 만기일 날 결제월별시세표를 통하여 많은 공부를 할 수 있습니다. 이번에는 흥미진진한 8월 급등 이후 급락으로, 또한 만기는 완만한 강세장으로 마감하면서, 이를 바탕으로 만기일에 옵션이 어떻게 되는지에 대해서 공부하는 시간을 갖도록 하겠습니다.

외가옵션인 콜275의 경우에는 2주 전 선물지수 260.60에서 가격 0.23에 매도에 들어갔습니다. 그 이후 선물지수가 261.85로 올랐지만 가격은 0.07로 하락을 했습니다. 그리고 만기일에는 0.01로 완전히 죽었고, 결국 매수자는 결제를 들어가면서는 한 푼도 건지지 못하고 마감되었습니다.

그러나 한때 선물이 274.60까지 치솟을 당시에는 0.07에서 1.70까지 무려 20배 정도 커졌지만 만기일에는 허무하게 장을 마감했습니다. 그래서 외가 옵션은 터지면 10배 이상도 크게 터지지만 결국 결제가 되지 않으면 모두 날릴 수 있기 때문에 투기적인 매매가 되는 것입니다.

상식적인 지수 움직임으로는 외가옵션은 그냥 처음부터 계속 가격이 죽으면서 마치는 것이 대부분입니다. 따라서 매도로 대응해야 합니다.

그러나 2014년 8월물처럼 한때 20배까지 터질 수도 있기에 싼값에 사서 시쳇말로 꽝이 될 확률이 매우 높지만, 한 번 터지면 수십 배가 터지니 로또복권과 같다고 생각하시면 됩니다.

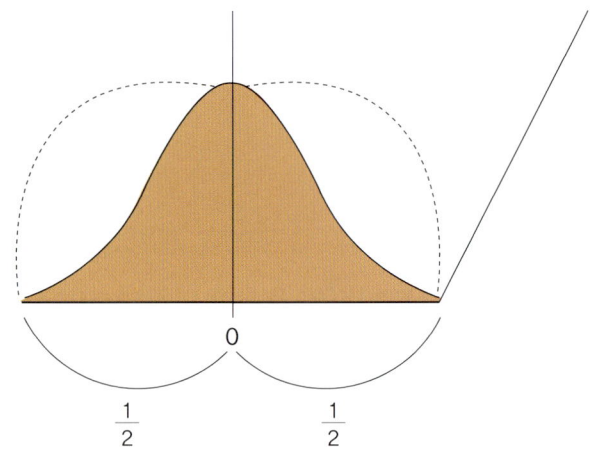

정규분포와 표준편차상으로 외가는 결제되지 않을 확률이 99%(외가매수차트 결합 요망)입니다. 이에 반하여 극내가 옵션의 경우에는 전혀 다른 수익 구조이며, 만기 시 결제에도 외가옵션처럼 투기적이진 않다는 것입니다. 예를 들어 위 8월물 옵션결제 월물시세표에서 260.60 당시 10포인트 내가인 콜250을 관찰해보겠습니다.

최초 11.05의 가격에서 2주가 지난 후에 261.85로 선물이 오르자 11.55로 약간의 시간가치손실이 있지만 외가는 하락한 반면 이러한 극내가는 가격이 상승하였습니다. 더욱 놀라운 사실은 만기일에 종가가격은 15.30으로 대략 최초가격 대비 4.25 수익을 낸 것입니다. 사실 극내가는 선물과 움직임이 거의 비슷하다고 보면 되는데, 만기지수가 올라가면 약간의 시간가치 하락분 외에는 결제가 되어도 수익이 나는 것입니다.

즉, 260일 경우 콜250은 10.00의 내재가치를 가지고 있습니다. 그럼 11.05-10.00=1.05 약 10% 정도의 시간가치밖에 없으므로 내재가치가 90% 있기에 추세가 맞으면 만기까지 홀딩해도 수익이 납니다.

위의 경우 11.05에서 결제일까지 홀딩했으면 15.30으로 약 40%의 수익이 난다는 결론이 나옵니다. 만약 10포인트 상승을 한다면 11.05에서 21.05가 되면서 약 100% 수익도 가능하게 됩니다.

여기서 팁 하나는, 이렇게 극내가를 매수하고 10포인트 방향이 맞으면 두 배가 가능하다는 것입니다. 선물의 경우에는 증거금 1,500만 원 정도가 들고 10포인트 수익 시 500만 원이 나오는 약 30% 수익인 반면, 극내가 콜매수를 매수했다면 가격이 10.00에서 20.00로 가므로 수익이 100%도 가능하다는 것입니다.

물론 10포인트 상승 시 외가 옵션은 최소 10배도 가능한 것에 비하면, 극내가의 경우에는 수익률은 외가 옵션보다 적으나 만기까지 홀딩 시 전부 날리지는 않는다는 것입니다. 그렇다면 추세가 강하게 잡힐 경우에 10배를 노릴 수 있으므로, 여러분들 가운데에는 외가 옵션매수가 극내가보다 구미를 당기는 것이라고 생각하는 분도 있을지 모르겠습니다.

하지만 추세가 잡히고 10포인트를 움직인다 해도 다음에 배울 변동성이나 감마 리스크가 커지지 않으면 외가옵션이 힘없이 죽을 수도 있기에 외가옵션매수를 절대 하면 안 됩니다. 이 부분을 위의 외가옵션의 차트와 극내가 옵션의 정규분포와 표준편차의 차이점으로 설명해드리겠습니다.

문과 학력고사의 마지막 세대로서 항상 수학1-2에서 마지막 문제는 정규분포와 표준편차였습니다. 학력고사를 보는 시험 당일에도 어김없이 이 문제가 나와서 공부를 해도 이해가 안 되는 부분이라 그냥 3번을 확률상 정답으로 나올 것이라고 보고 찍어서 맞은 기억이 납니다.

아래의 그림을 보면, 위의 외가 옵션의 경우 1%의 확률도 안 되는 반면, 극내가의 경우에는 방향이 맞으면 수익이 나므로 거의 50%의 확률로 늘어남을 알 수 있습니다.

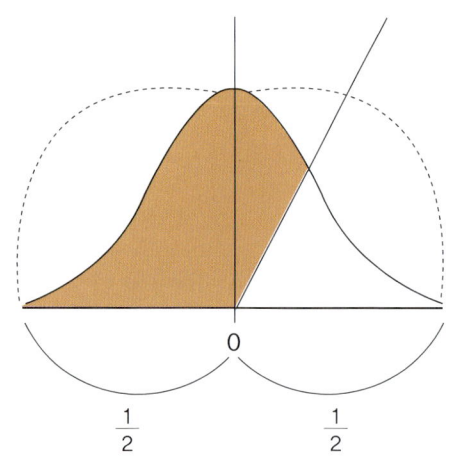

정규분포와 표준편차상으로 극내가는 50%의 수익이 날 확률이 있음(내가매수차트 결합 요망)

여기까지 알기 쉽게 외가옵션과 극내가 옵션의 차이점을 살펴보았습니다. 이제 이론적으로 옵션만기일에 일어나는 결제에 대하여 공부하도록 하겠습니다.
위에 8월 만기 결제월별시세표를 보시면 이해가 빠를 것입니다. 일단 콜 쪽은 만기지수(265.88) 이상 위로 외가격이 전부 0.01로 결제되지 않은 종목은, 옵션매수자가 가진 것 전부를 날린다는 것입니다.

콜265 매수자는 아슬아슬하게 0.88을 받습니다(결제지수 265.88-행사가 265 = 0.88). 그러나 콜265를 0.88보다 비싸게 샀다면, 예를 들어 1.00에 매수했다면 0.12 손실입니다. (0.88-1.00=-0.12)

콜265를 종가가격인 0.35에 매수했다면 0.53수익이겠죠? (0.88-0.35= +0.53)

이런 식으로 결제지수 안으로 들어온 종목을 다 날리진 않을 것입니다. 하지만 얼마나 싸게 샀느냐에 따라 수익이 될 수도 있고 손실이 될 수 있습니다.

공식은 (결제지수 -행사가) - 매수단가입니다.

단 옵션만기일만큼은 결제지수가 결정 나는 3시에 유독 가격변화가 심하므로, 절대 결제를 받는 일은 해서는 안 됩니다. 즉 대략적으로 만기일에 내가 옵션되어서 수익이 나고 있으면 정리를 하고 나오는 것이 좋습니다.

요약

옵션외가를 매수한다면 만기일에는 99% 날린다고 생각해야 한다.
옵션 극내가는 내재가치가 90%이므로 방향이 보일 때에는 극내가 매수가 유리하다.
옵션만기일에 결재되는 옵션공식은 (결제지수 -행사가) - 매수단가

4절 델타(Delta)와 감마(Gammar)에 관하여…

본 내용에 들어가기에 앞서서 여러분이 대학과정에서 금융공학을 전공한다면 옵션가격 결정의 두 가지 이론을 접하게 될 것입니다. 하나는 이항 옵션가격 결정 이론(OPM : Binominal option Pricing Model)이고, 다른 하나는 블랙숄즈 이론(Black-Scholes Model)입니다.

둘 중에 두 번째 이론은 세계에서 가장 주목받고 있는 것으로서, 숄즈(Scholes)라는 수학자에 의하여 공식화되었습니다. 그 공로로 숄즈는 1977년 노벨경제학상까지 받고 세계적인 펀드회사 LTCM를 각 대학의 수학천재들과 힘을 합해서 만들었습니다.

하지만 회사는 얼마가지 못하여 파산에 이르게 되었습니다. 한마디로 학문과 실전과는 큰 괴리가 있다는 것이 단적으로 나타난 사례입니다. 제가 하고 싶은 말은 실전을 하는 여러분은 복잡한 수학공식 따위를 외운다고 매매를 잘하는 것이 결코 아니라는 것입니다.

여기서는 실전에 도움이 되는 개념으로서 델타와 감마를 연결해서 알려드리겠습니다. 이를 바탕으로 필자는 옵션가격의 움직임을 정확하게 이해하는 것이 더 중요하다는 것을 강조하는 것입니다.

제2장 | 이제 옵션합성전략의 기초개념을 이해하자

먼저 델타(Delta)란, 기초 자산의 가격변화에 대한 옵션프리미엄의 변화(교과서적 개념)이며, 단지 선물 1포인트 움직임에 대한 내 계좌의 손익을 대략적으로 알려주는 기준이라고 생각하시면 됩니다.

왜 선물을 기준으로 보는 것이 유리하냐면 선물은 옵션과 달리 변동성(I.V) 감마 쎄타가 존재하지 않고 선물움직임에 정확하게 내 계좌의 손익이 결정되기 때문입니다. 아래 시뮬레이션을 보시면 선물1계약매수에 델타값이 +100으로 나와 있는 것이 보일 겁니다.

즉 선물1계약매수＝델타 100(단, 각 증권사마다 선물1계약이 델타 1 또는 델타 500으로 나타나므로 증권사마다 기준은 다름)

델타100이라 함은 선물1포인트 움직임당 50만 원 내 계좌에서 손익이 좌우된다고 보시면 됩니다. 즉 델타가 만약 +1,000으로 나와 있으면 선물1포인트 상승에 500만 원이 수익으로 될 것이며, 반대로 1포인트 하락한다면 500만 원 손실로 됩니다.

이를 기준으로 합성전략에 델타가 몇인가를 보시면 선물의 움직임에 따른 대략적인 내 계좌의 손익을 알 수 있습니다.

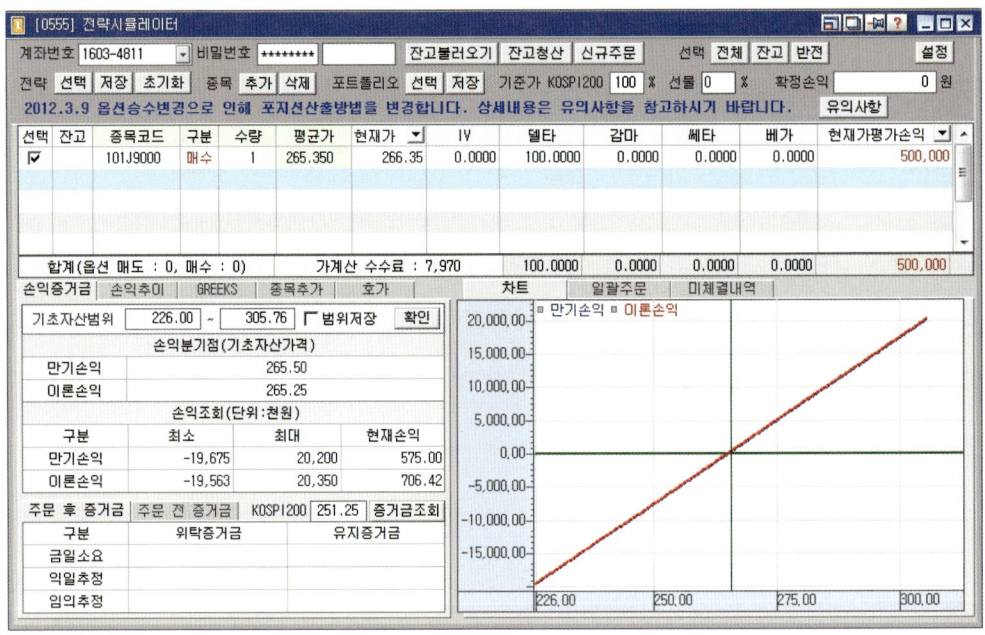

선물1포인트 (델타100)에서 1포인트 상승 시 50만 원 수익인 모습

감마(Gammar)란, 기초 자산의 가격변화에 따른 델타의 변화(교과서적 개념)로서, 그냥 지수가 폭등이나 폭락을 하면 적게는 1배 많게는 10배 이상 옵션가격이 미친 듯이 날뛰는 것을 가리킵니다.

일례로 2014년 8월 선물이 10포인트 이상 오르자 최외가 옵션이 20배까지 오르는 장을 들 수 있으며, 이때 최외가 옵션 콜277을 안심하고 매도치고 있다가는 봉변당하기 십상입니다. 그리고 보통 이런 이상급등에 크게 다치는 쪽은 옵션매도자이기 때문에 합성매매를 하는 자문사나 기관이 한 번씩 대형사고를 겪습니다.

그래서 감마는 감마리스크(Gammar Risk)라고 하며 일단 변동성이 폭발하면 제어가 어렵기 때문에, 여기서 가장 주의해야 할 점 몇 가지를 예로 알려드리겠습니다.

첫째. 감마리스크가 가장 커지는 것은 외가격(특히 가격이 0.10 이하 싸구려)에서부터 등가격이 될 때이며 기본적으로 10배가 커집니다. 그러므로 옵션매도로 수익이 생겼다고 해서 무조건 그냥 들고 있으면 나머지 수익도 전부 챙길 수 있을 것이라는 안일한 생각을 하면 안 됩니다.

둘째. 만기 2주 전에는 옵션프리미엄이 거의 죽어서, 가까운 거리 외가격도 0.10 이하로 내려가면서 매도를 더 치고 싶게 만듭니다. 이때가 가장 위험한 발상이 나올 때입니다. 하지만 차라리 덜 먹더라도 차월물로 넘어가는 것이 가장 현명한 매매방식입니다.

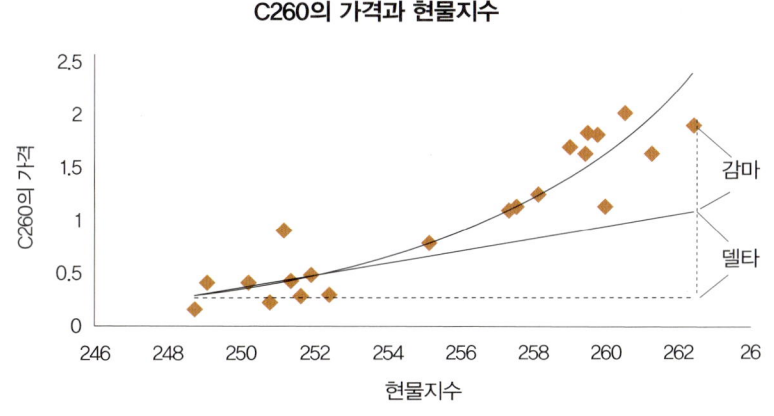

콜277 외가격이 선물의 상승보다 급격하게 오르는 이유

위 두 가지가 겹쳐서 2014년 8월 지수가 2,093포인트까지 오르면서 콜매도자들이 최고점에서 10배 이상 손실을 안고 환매를 하였습니다.

델타에 의한 손익은 하루 선물로 1포인트 내외의 점잖은 상승이나 하락이 나올 경우에 가능합니다. 하지만 선물이 요동을 치면서 3~4포인트 이상 오르거나 빠지면 델타의 속도보다 급속도로 감마값이 커지게 됩니다. 그 결과 생각지도 않게 옵션가격이 폭발하는 것입니다.

이를 헤지하는 방법에는, 마지막 장에서 살펴볼 콘돌 전략에서 곡사포 전략으로 전환을 하는 방법밖에 없습니다. 이에 대해서는 다음에 상세하게 서술하겠습니다. 여기서는 감마리스크가 옵션매도자에게 가장 큰 적임을 명심하는 정도로만 알고 계시면 됩니다. 이와 관련해서 매도자에게 이것은 또 하나의 적은 변동성입니다.

요약

델타 : 델타100이란? 선물1계약당 50만 원 손익을 이루는 것
감마 : 감마리스크란? 델타를 증폭시키는 것으로 외가옵션이 10배 이상 오르는 현상

제2장 | 이제 옵션합성전략의 기초개념을 이해하자

5절 변동성(I.V : Implied Volatility)에 관하여

많은 분들은, 위의 시뮬레이션에도 IV 델타 감마 쎄타 베가가 나와 있고 결제월별시세표에도 IV가 나와 있는데도 이에 관심을 가지지 않습니다. 여기서 위의 내용을 이해하는 데 핵심이 되는 중요한 사항을 알려드리겠습니다. 이미 위에서 쎄타(시간가치하락)와 델타 감마는 배웠습니다. 그 외에 베가, 로 등이 있는데, 이는 옵션가격에 큰 영향을 미치지 않기에 생략해도 됩니다.

하지만 IV는 이론가와 현재가를 비교하면서 매일 체크를 해야 합니다. 그래서 처음 옵션을 접하는 분은 1달간 매일 아래와 같은 옵션결제월별시세표를 종가상 출력하여 정리해놓고 옵션과 IV 이론가와의 관계를 이해해야만 합니다.

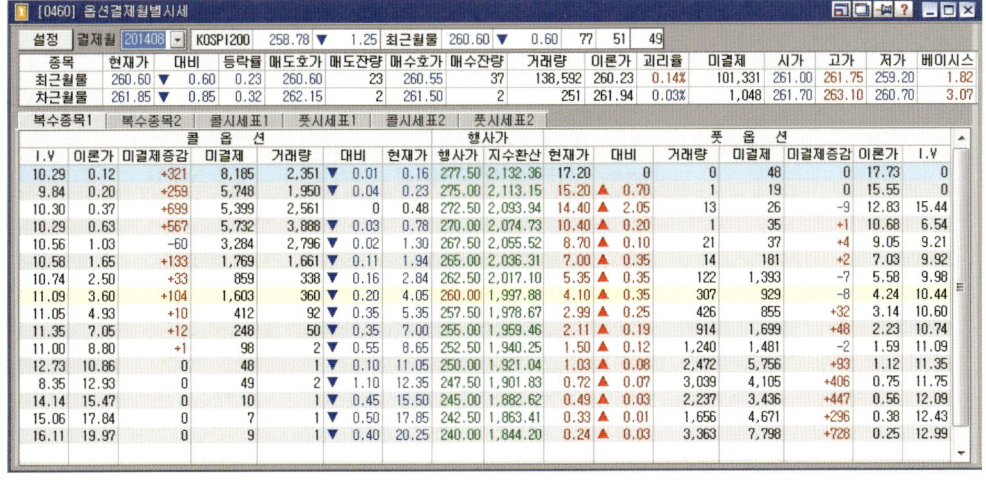

배박사의 옵션합성 전략매매 **077**

다시 한 번 2장 앞에서 8월물 만기 2주전 결제월별시세표를 보면서 IV의 변화를 진지하게 연구하는 자리를 갖겠습니다. 내재변동성(IV)를 연구하는 방법 : 콜 가격 5만 원 내외의 종목의 IV와 이론가와 현재가를 분석합니다.

즉 위에서 272.50 의 IV -10.30 이때에 이론가 -0.37 현재가 -0.48 이것을 보시고 현 위치가 어느 정도인가를 이해하셔야 합니다.

적정 IV의 기준은 없습니다. 대략적으로 10.00을 기준으로 변동성이 커지면 12 정도까지 커질 수 있으며 적어지면 8.00대까지도 하락합니다.

위의 경우에는 10.00보다 약간 높으므로 이론가(기계로 뽑은 가격) 대비 현재가(현재 매매되고 있는 가격)가 약간 높습니다.

지수가 폭등이나 폭락을 하면 IV가 12 이상 오르면 통상 이론가 대비 현재가가 2배 이상도 커집니다. 그럴 때에 재미있는 것이 어느 한쪽 옵션만 변동성이 커지는 것이 아니고 양 옵션의 변동성이 같이 커진다는 것입니다.

따라서 변동성이 커지면 옵션매도자는 아무리 헤지를 해도 평가손실이 늘어나는 것을 막을 수가 없습니다. 오히려 이럴 때에는 양 매수자가 평가수익이 나거나 방향성이 맞은 외가옵션 매수자가 대박이 나는 장이 됩니다.

그리고 주의해야 할 점은, 변동성이 커진 다음보다는 변동성이 축소된 다음에 더욱 조심을 해야 한다는 것입니다. 왜냐하면 다음 장에 배울 수렴 후 발산이 나오기 때문에 그 발산이 위이든 아래든 변동성이 축소되어 8.00대까지 하락하

제2장 | 이제 옵션합성전략의 기초개념을 이해하자

면 이론가대비 현재가가 반 토막까지도 빠지기 때문입니다.

그 이유를 위에 8월물 만기 2주 후 결제월별시세표에서 유심히 보신 분은 아실 것입니다. 하지만 아마도 대부분 그 부분까진 세심하게 관찰을 하지 않았을 것 같아서 다시 한 번 올려드리겠습니다.

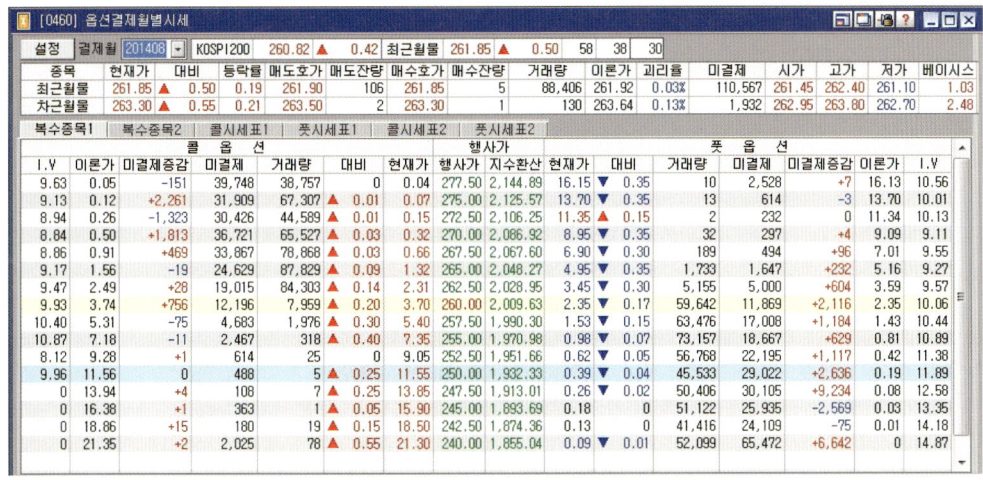

만기 2주 전 결제월별시세표에서 보았던 콜272.50과 비교를 해 봅니다.

I.V 8.94 이론가 0.26 현재가 0.15 이렇게 I.V가 8.00대까지 하락하니 현재가가 이론가보다 형편없이 적어졌습니다. 그런데 합성1~2년 차 초보자는, 옵션가격이 0.10대로 줄어들었으니 별 걱정 없이 옵션매도에 대해 불감증을 느낍니다.

필자가 이쯤에서 중요한 노하우를 알려드리겠습니다. 이 부분을 꼭꼭 챙겨들으셔서 본인의 것으로 확실하게 만들면 합성 4~5년 차 수준으로 올라가게 됩니다.

처음 진입 시의 I.V. 와 현재가 그리고 선물의 위치를 파악하는 습관을 가져야 합니다. 이것이 만약의 경우에 대처하는 준비물과도 같기 때문에 매우 중요한 것입니다.

자, 처음 2주 전의 경우와 2주가 지난 후에 콜272.50을 비교해 보면,

I.V −10.30 이론가 −0.37 현제가 −0.48(당시 선물260.60)
I.V −8.94 이론가 0.26 현재가 0.15(당시선물 261.85)

선물지수가 점점 올라가면서 쎄타(시간가치)가 하락할 뿐만 아니라 변동성마저 감소하면서 콜매도의 거리가 점점 가까워지고 있다는 사실을 여러분은 눈치 채야 합니다. 그럼 만약의 경우 거리가 더 가까워지게 급등을 하면서 동시에 변동성마저 커진다면 옵션가격이 3~4배로 커지는 것은 기본입니다.
그런데 더욱 어처구니없는 경우가 바로 위의 사례입니다. 즉 변동성이 죽은 상태에서 선물이 통상 2~3포인트 이상 오르거나 빠지게 되면, 외가옵션이 순간적으로 마치 눈이 튀어 나올 정도로 치솟아 오릅니다. 이때 옵션매수 단타자들도 가격이 오르니 사지 않을 수도 없어서 매수를 하게 됩니다. 그러면 옵션매도자들은 평가손실이 나니 헤지 차원에서 커진 옵션을 추가매수하지 않을 수 없게 되는 것입니다.

그리고 나서 다시 오후 장에는 슬금슬금 지수가 평상적인 상태로 돌아오면서 3~4배 커진 옵션이 제자리로 돌아올 때에 눈이 다시 튀어나오는 장입니다. 이런 장의 확대형이 2014년 8월이었습니다. 이때는 콜옵션이 먼저 20배 오른 뒤 다시 풋옵션이 최대 80배까지 올랐습니다.

제2장 | 이제 옵션합성전략의 기초개념을 이해하자

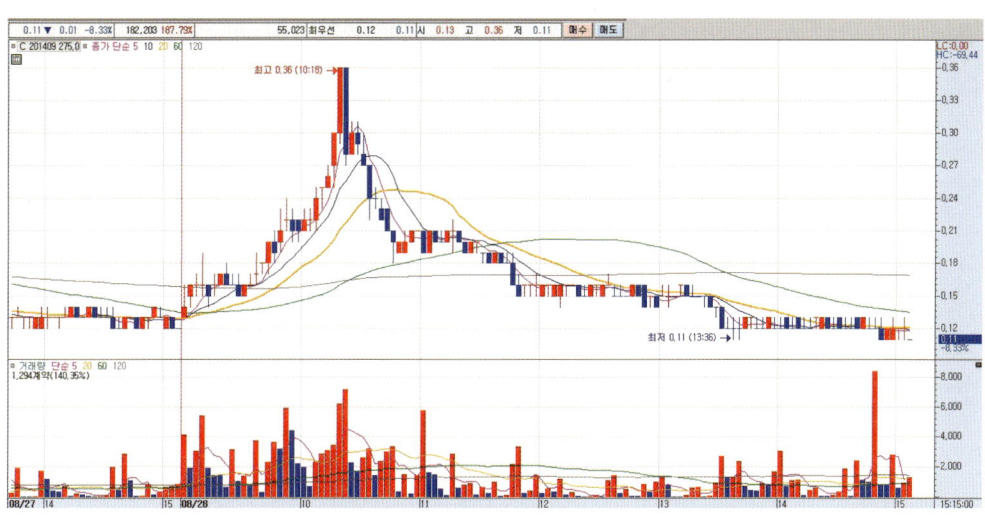

콜옵션이 0.10에서 변동성이 폭발하여 순간 3~4배까지 커지는 모습

그리하여 이제 단순히 변동성이 폭발하면 옵션가격이 오른다는, 단순한 이론적 차원을 떠나 실전매매에 있어서도 이런 경우에 수익이 나는 방법을 알려드리는 것이 무엇보다 중요하다고 생각합니다. 그런 차원에서는 이번 옵션책은 1권에 비하여 최근 장세에 맞게 업그레이드가 되었기에 보는 독자에게도 많은 도움이 되리라 생각합니다.

이러한 방법으로 8월물에도 무난하게 월 10% 수익이 이데일리 회원분과 같이 매매하여 수익을 냈기에, 이제부터 자신 있게 노하우를 공개하도록 하겠습니다.

첫째. 양 매도에서 1칸 외가 매수헤지를 진입 시부터 실시합니다. 이번 상승장 이후 급락장에서는 웬만한 자문사의 손실규정 5~6%에 전부 걸려서 손절매를 했다고 합니다. 이는 위에서 본 바와 같이 변동성이 폭발하여 외가 옵션이 최소 하루에 두 배 이상 오르면서 반대편 매도로도 헤지가 안 되기 때문입니다.

이럴 때를 대비해서 1칸외가 옵션을 매도수량과 동일하게 매수해 놓습니다. 그러면 변동성이 커질 때 같이 커지므로 생각보다 계좌의 평가손실이 적게 발생합니다. 사실 양매도에서 한칸 외가옵션을 매수한 전략이 다음 장에 배울 콘돌 전략입니다.

둘째. 그래도 변동성과 함께 방향성이 크게 잡힐 경우에는 헤지를 그 방향의 등가 내지는 극내가로 해야 합니다. 왜냐하면 위의 경우와 같이 외가옵션은 갑자기 3~4배가 커졌다가 변동성만 죽어도 다시 급락을 하는 반면, 등가 내지 그 이상 비싼 옵션은 상당한 내재가치를 보유하고 있기 때문입니다. 그러면 변동성이 다시 죽는다고 해도 크게 손실을 보진 않습니다. 이 전략도 다음에 배울 곡사포 전략으로서 앞으로 더 자세하게 서술하겠습니다.

셋째. 가장 중요한 것은 목표수익률 10%를 채우고 나면 미련 없이 포지션을 청산하고 그 달물은 쳐다보지 않는 것입니다. 어찌 보면 세 번째 규칙이 매달 이데일리 회원님과 월 10% 수익을 내는 가장 확실한 노하우라고 하겠습니다. 10% 수익이 나면 다시 진입을 해도 차월물로 진입을 하기 때문에 변동성은 일시적으로 폭발해도 감마리스크는 거의 없습니다. 따라서 큰 충격이 없습니다.

제2장 | 이제 옵션합성전략의 기초개념을 이해하자

요약

확률상 99%인 옵션매도로 시장을 바라보면
아직도 재테크의 길은 충분히 열려 있다.
무모한 옵션매수를 삼가고 시간가치를 먹는 매도 위주의 매매를 할 것.

6절 델타중립시대는 끝났다. 누적 주체별 동향도 잘 안 맞는다

위에서 델타의 개념을 공부했습니다. 델타100이란 수치는 1포인트 상승 시 선물1계약당 50만 원 손익이 나오는 것으로 이해하시면 됩니다.

그런데 합성전략에서는 통상 교과서적인 내용으로는 델타를 0에 가깝게 만들어야 한다고 합니다. 왜냐하면 합성매매는 방향성을 예측하는 것이 아니라 항상 중립을 유지하고 있어야만 쎄타값, 즉 시간가치를 수익을 내기 쉽기 때문입니다.

일단 중립으로 되어 있는 상황에서 당장 내 계좌의 손익은 이론손익 (통상곡선과 빨간색 선으로 이루어짐)에 의하여 큰 변동은 없습니다. 하지만 만기가 가까워지면 질수록 만기손익(통상직선과 파란색으로 이우어짐)의 구조로 바뀌면서 만기손익의 수익이 내 계좌에 들어옵니다.

아래 그림에서와 같이 현재 지수 대비 위아래 간격을 12.5간격으로 똑같이 벌리고 콘돌을 진입하니 델타가 −4면 거의 중립에 가깝게 만들어진 것입니다.

제2장 | 이제 옵션합성전략의 기초개념을 이해하자

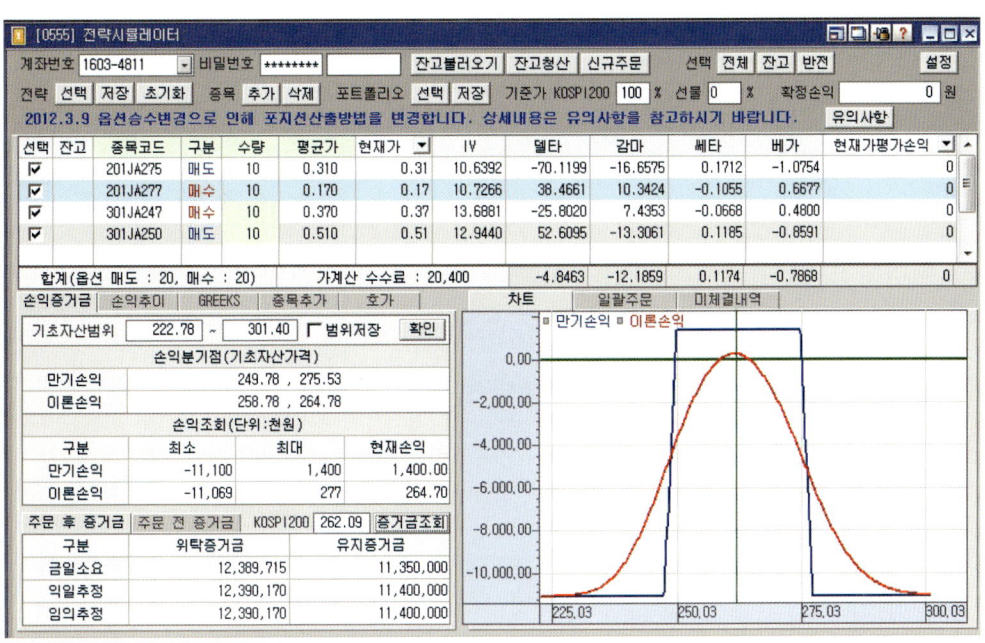

델타중립의 콘돌을 만들어 시간가치수익을 얻기 위한 기본 콘돌 모습

콘돌 전략에 대해서는 마지막 장에 자세하게 거론하기로 하고 일단 최근 합성전략의 또 다른 변화를 알려드릴까 합니다. 바로 위와 같이 델타를 중립으로 하는 것이 예전 합성전략에는 유용했지만 최근에는 그다지 유리하지 못하다는 결론이 내려졌습니다. 즉, 이에 대하여 세심한 주의를 요한다는 것입니다.

2014년에 들어서서 배박사 투자전략연구소에서 연구한 결과를 토대로 이데일리온 회원님들과의 매매에서도 연승을 할 수 있었던 것이 매우 중요한 근거입니다.

특히 최근의 장에 들어서 거의 10포인트를 매우 느리게 오르고 빼는 장에서는 어느 정도 규칙을 가지고 움직이기 때문에, 매번 델타를 중립으로 만들다가는 헤지 비용만 날리고 만다는 결론이 나옵니다.

그래서 공포의 2014년 7월 말 이후 274.60까지 급등한 뒤로, 다시 260 초반까지 하락하고 다시 만기지수는 265.88로 마치는 엽기적인 장이 나타났습니다. 이에 많은 여의도의 운용사들이나 증권회사 랩어카운트는 로스컷으로 마감하는 불운한 장에서도 수익을 내야만 합니다.

이 부분은 어느 정도 고차원적인 분야이기도 합니다. 그런데 이 내용을 이해하시면 증권방송에서 나오는 시황이 얼마나 필요 없는 것들인가를 알게 될 것입니다. 지금 시장의 상황과 최근 흐름을 차트로 보면 어느 부분에서 공포가 극에 달하는 분위기로 유도하는가를 대략적으로 알 수 있을 것입니다.

아마도 선물차트로 보았을 때, 상단인 269에서 증권방송에서는 지수상승과 더불어 고점돌파의 꿈을 불어넣었을 겁니다. 그러나 지수가 지금은 260초반까지 내려온 상황이고 이 부분에서는 델타가 위에 콘돌 전략에서의 모습처럼 중립을 만드는 것이 유리할까요?

아마도 며칠 정도는 상승에 실패를 한 모습이라 지금 델타를 중립으로 만들고 기다리는 것이 심리적으로는 편할지도 모르겠습니다. 이제 배박사와 함께 더 수준 높은 매매를 하려면 초보자들과 달리 심리전쯤은 한 차원 높게 생각하는 마인드를 가져야 합니다.

제2장 | 이제 옵션합성전략의 기초개념을 이해하자

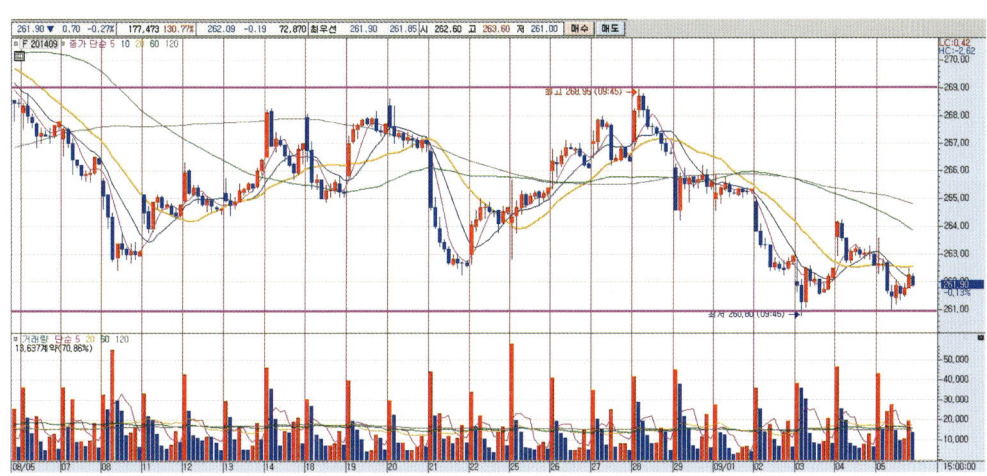

현재 선물차트 – 269~260 왕복달리기 하는 중

최근 장세에서 260 초반이 왔을 때 델타를 중립으로 만들어야 하는가에 대한 답변은 한마디로 "No."입니다. 이 상황을 영화로 비교한다면, 〈타짜1〉, 〈타짜2〉의 마지막 장면에서 아귀에게 고니가 하방의 미끼를 던진 것과 비슷하다고 생각하면 됩니다.

지금 장의 모습은 누가 봐도 추가 하락의 공포심이 엄습하는 것처럼 보입니다. 만약 260 초반에서 진입을 하지 않고 269에서 진입을 하였다면 포지션이 상당히 불안할 것입니다. 위의 콘돌 모습은 현재 시점에서 차월물로 진입을 했다고 가정한 것이기 때문에, 풋매도가 250이고 종합지수로 환산하면 1,950 정도로서, 추가하락을 한다고 해도 큰 문제는 없습니다.

하지만 묘하게도 월말과 월초에 급락한 후로 V자 반등을 할 때가 많기에 당월물 콘돌을 지금 들고 있다면 자칫 콜매도에서 대형사고가 터질 수 있습니다.

즉, 새로운 월물이 시작되면 개인들은 항상 콜매수에 희망을 가지고 적극적으로 자주 외가 콜옵션을 매수합니다.

때에 따라서는 이때 시장이 좀 오를 때도 있습니다. 하지만 결국 월말쯤 되어서는 한차례 크게 밀리기라도 하면 외가콜옵션은 형체도 없이 줄어들게 됩니다. 그리고 이럴 때에는 외국인의 선물매도가 하루에 만계약 이상씩 쏟아내면서 누적 포지션 또한 외인이 하방으로 갈수록 유리하게 되어버립니다.

섬뜩하게 외인누적포지션이 하방인 반면에 개인 누적 포지션이 상방이고 개인이 몇백억 원 손실이고 외인이 수익인 것을 보면, 끝없이 하락할 것처럼 보입니다. 이런 상황에서 최근 규칙적으로 나타나는 현상이 결국 이러한 누적 포지션 상황에 말려서 추가하락에 겁먹은 것처럼 나타납니다. 그리고는 나머지 개인이 선물매도 콜매도 풋매수로 전환을 하는 날부터 외인이 또다시 시쳇말로, 엿먹이기 작전을 하는 것입니다.

그리하여 예전에는 이렇게 외국인 하방이면서 수익이 난 상황이었고 개인이 시작부터 콜매수 위주로 들어가서 손실전환되면 지속적으로 추세가 잡힐 때가 많았습니다. 그 영향으로 누적 포지션을 참고로 매매를 하면 많은 도움이 될 때가 있었던 것이 사실이었습니다.

하지만 지금은 이것이 바로 외국인 타짜들의 밑장빼기와 같은 속임수입니다. 이러한 속임수는 위에 실린 선물차트의 앞에서도 똑같은 패턴이 나와 있는 것만으로도 알 수 있습니다. 즉 260 초반에 왔을 때 항상 외인이 선물매도를 만계약 이상씩 패면서 하락시키고 개인이 따라오면 그때 V자로 올려 260 후반까지

제2장 | 이제 옵션합성전략의 기초개념을 이해하자

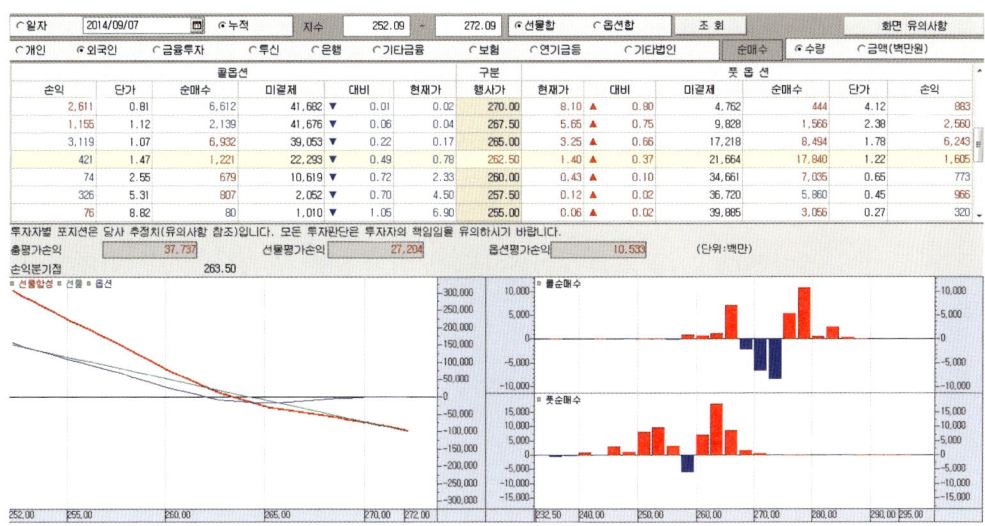

260 초반에 외인 포지션이 하방이면서 400억 원 정도 수익인 상황

올라간 모습이 보일 것입니다.

최근 장세가 전 저점 근방까지 하락했을 때에 심리적으로 당하지 않기 위해서는, 지금 하락이 미국에서 시작된 악재인가와, 글로벌 주가에 장기적으로 영향을 줄 수 있는 악재로 하락했는가를 파악하는 것이 더 중요합니다.

예를 들어 최근 하락의 원인이 우크라이나 사태나 이라크 사태 등으로 하락한 것이 대부분입니다. 따라서 외인들이 대량선물매도로 장난을 치는 것 정도가 많습니다. 개인들이 월물 초에 매수한 외가 콜옵션은 외인의 대량선물매도로 시간가치도 하락하면서 이미 복구불능하게 줄어들었을 것입니다.

이때 추가수익을 내기 위해서 개인이 뒤늦게 감마리스크를 안고 콜매도를 치

고 공포심에 풋매수를 할 때에 누적 선물매도를 환매하면서 올리면 한 번 더 추가수익이 날 수 있습니다. 더욱이 다음 절에 배울 변동성(I.V)마저 폭발했을 때 개인이 두 손 들고 매수할 때가 바로 변고입니다.

즉 변동성이 폭발했다고 더 가는 것이 아니라 위로 269 그 전에 274.60처럼 꼭지에서 변동성이 폭발하면서 외가 콜이 3~4배 커질 때 개인이 두 손 들고 콜을 매수합니다. 이때 외인이 기관과 함께 적극적으로 콜매도를 대량으로 진입하는 것이 보입니다.

이런 날 변동성을 죽이면서 일단 콜옵션을 반 토막 내놓고 유유자적하면서 만기까지 양쪽 프리미엄을 전부 먹을 때가 많습니다. 하방도 마찬가지로 260 초반까지 밀면서 공포심에 매수한 풋옵션은 대부분 만기주에는 휴지가 될 때가 많습니다.

이 책을 쓰는 동안은 이러한 고도화된 매매스킬에 의하여 만기지수가 260 초중반에서 마감된 것이 대부분이었습니다. 지금까지 나온 책에서는 누적 포지션을 따라가라 또는 합성매매는 델타를 항상 중립으로 만들어라 하는 말이 많은 부분을 차지할 것입니다.

하지만 업그레이드된 지금 장에서는 오히려 외인의 밑장빼기 트릭과 같이 억지 하락장에 누적포지션이 함정일 때가 많습니다. 바닥에서나 상투일 때 항상 델타를 바꾸다가는 헤지 비용만 나가다 볼일 다보는 장이 많습니다. 따라서 이다음에 나오는 수렴과 발산 이론과 그밖에 지수흐름을 읽을 수 있는 이론을 공부한 후에 나름대로의 기준을 세워 매매를 해야 합니다.

제2장 | 이제 옵션합성전략의 기초개념을 이해하자

요약

예전 장과는 달리 항상 델타를 중립으로 만드는 합성시대는 끝났다.
외인과 개인의 누적포지션이 대립된다고 해서 무조건 외인 쪽을 따라가서도 안 된다.
다시 나올 변곡지점과 향후 지수흐름에 대한 기준을 세우고 매매하는 현명한 투자자가 되어야 한다!!

 ## 옵션승수제 이후, 적응하면 살아남는다

필자는 위에서 옵션매도만이 진정한 재테크라고 하였고 파생에 처음 접근하려면 제대로 옵션매도부터 배우라고 했습니다. 지금도 선물옵션매매를 하려면 최소예탁금 1,500만 원만 있으면 매매는 가능합니다. 하지만 2012년 옵션승수제 도입으로 큰 문제가 생겼습니다. 개인투자가들에게는 더더욱 옵션매도 위주의 합성전략매매를 어렵게 만든 게 바로 승수제 도입이기 때문입니다.

한마디로 옵션가격 옵션증거금 전체를 5배로 올린 것으로, 많은 이들이 승수제 도입 발표가 있은 후에도 실제 도입은 불가능할 것이라는 생각을 했습니다. 하지만 그런 생각을 뒤엎고 발표와 동시에 바로 시행에 들어갔습니다. 당시에 필자는 승수제 도입은 분명히 가능성이 있으니 이에 대하여 철저하게 준비하라고 방송에서도 알려드렸습니다. 또한 필자 역시 그 대비를 철저하게 하여 지금도 약간은 매매하기 불편한 점은 있지만 그래도 기관과 외인에 비교해도 동등한 조건으로 매매를 하고 있습니다.

왜 이렇게 개인투자가만 불리하게 만드는 조건이 빨리 시행되는지 묻고 싶습니다. 옵션매도 위주의 매매가 1,500만 원으로는 사실상 불가능하게 되면서, 큰 자금을 시장에 증거금으로 요구하는 것은 전혀 개인투자가들에게 도움을 주는 정책은 아닌 것이라고 생각합니다.

일단 승수제 전후로 정확하게 이해를 하기 위하여 선물옵션1틱의 개념을 알아보겠습니다. 단 여기서는 공부를 하기 위하여 1틱의 개념부터 파고들 예정인데, 이것을 단타매매로 연결해서 틱띠기매매를 해서는 절대로 안 됩니다. 먼저 선물은 승수제 전이나 후나 변화가 없습니다. 따라서 정확하게는 옵션승수제가 맞는 말입니다.

선물의 경우 1틱이 0.05이며 1틱의 움직임에 2만 5천 원이 움직입니다. 어찌 보면 선물은 이미 승수제 개념으로 가격이 형성되었다고 보시면 됩니다. 즉 선물 최소단위 0.05는 소수점 둘째 자리는 5천 원이므로, 5천 원의 5배인 2만 5천원 이라는 것은 이미 호가에 곱하기 5배를 했기에 승수제 이후에도 변화가 없다고 보시면 됩니다. 이왕 선물 최소 단위를 공부한 김에 간단하게 선물 움직임을 공부하도록 하겠습니다.

최소 단위 0.05=2만 5천 원
0.5(10배이자 반 포인트)=25만 원
1포인트=50만 원
즉 1틱은 2만 5천 원, 1포인트는 50만 원만이라는 것만 익히시면 선물에서는 더 이상할 게 없습니다.
문제는 옵션입니다.

승수제 전에는 옵션의 최소단위는 0.01이고 소수점 둘째 자리는 천 원 단위로서, 쉽게 천 원이었습니다.
즉 10.00=백만 원 1.00=십만 원 0.1=만 원 0.01=천 원
그러나 승수제 이후는 이 체제에서 곱하기 5를 한 것이 실제 가격입니다.

즉 10.00=500만 원 1.00=50만 원 0.1=5만 원 0.01=5천 원

뒤에 증거금에 대해서도 자세하게 설명을 하겠지만 그 전에 옵션증거금이 5배가 올라간 가격의 증거금을 요구합니다. 그 결과 개인투자가들은 더욱 옵션매도에 접근하기가 어렵게 되었고 더욱이 옵션매수도 그 전보다 5배가 올라 더 먼 외가 옵션을 사지 않을 수 없게 되었습니다. 결국 옵션거래량이 세계 1위에서 10위권 밖으로 밀려나면서 자유롭게 매매를 하지 못하는 종목도 생겨나서, 주식시장의 헤지 기능조차 제 역할을 못하게 되어가고 있는 것이 지금의 현실입니다.

그럼 여기서 승수제 이후 옵션매도의 증거금도 공부하도록 하겠습니다. 옵션매도와 매수의 큰 차이점은 시간가치의 하락입니다. 옵션매도자는 하루하루가 지날수록 시간가치 하락에 의한 수익을 취할 수 있는 반면, 옵션매수자는 이를 능가하는 큰 변동성이 나오기만을 기다려야 합니다. 그러나 안타깝게도 80~90%는 양 옵션이 감소하는 수렴권장이 대부분이기 때문에 옵션매도자가 이길 확률이 80~90%라는 사실입니다.

그런데 개인투자자들이 쉽게 접근하지 못하는 이유는 바로 증거금 때문입니다. 더군다나 이번 승수제 도입으로 그 전 증거금이 200~300만 원 내외인 반면에, 지금은 600~1,500만 원으로 5배 인상되었습니다. 바로 여기서 엄청난 문제점이 발생합니다. 옵션 최소증거금 1,500만 원을 가지고 매매는 시작할 수 있게 되었습니다. 하지만 1계약 증거금이 1천 원 내외로 커져서 1,500만 원으로는 옵션1계약매도를 하면 더 이상 포지션에 진입할 수가 없는 것입니다.

제2장 | 이제 옵션합성전략의 기초개념을 이해하자

최소한 2,000만 원 내지는 3,000만 원이 있어야 양매도 1계약씩 진입이 가능한 것입니다. 게다가 이렇게 진입했다고 해도 헤지나 포지션 전환 시 엄청난 어려움에 처하게 되어 있습니다. 그래도 우리는 수단과 방법을 가리지 말고 옵션합성전략매매를 해야 하기에 여기에서 자세하게 증거금 원리를 이해하고 넘어가야겠습니다.

콜 옵 션				구분	풋 옵 션			
조정이론가	최대이론가	전일종가	주문증거금	행사가	주문증거금	전일종가	최대이론가	조정이론가
35.809648	9.708372	0.02	5,368,447	277.50	13,640,427	18.40	45.680854	72.844354
38.306018	11.703823	0.04	5,831,912	275.00	13,642,241	15.90	43.184482	70.347982
40.802391	13.871402	0.07	6,900,701	272.50	13,644,055	13.40	40.688109	67.851609
43.298763	16.233925	0.15	8,041,963	270.00	13,595,869	11.00	38.191737	65.355237
45.795136	18.673820	0.33	9,171,910	267.50	13,447,683	8.80	35.695365	62.858864
48.291508	21.146269	0.70	10,223,135	265.00	13,274,498	6.65	33.198995	60.362492
50.787881	23.632807	1.35	11,141,404	262.50	12,976,321	4.75	30.702642	57.866119
53.284253	26.125328	2.35	11,887,664	260.00	12,478,228	3.25	28.206456	55.369747
55.780626	28.619340	3.70	12,459,670	257.50	11,775,810	2.16	25.711619	52.873374
58.276998	31.114449	5.40	12,857,225	255.00	10,930,039	1.36	23.220077	50.377002
60.773371	33.610652	7.40	13,105,326	252.50	9,959,272	0.82	20.738544	47.880629
63.269743	36.106603	9.50	13,303,302	250.00	8,897,304	0.50	18.294608	45.384257
65.766116	38.602662	11.75	13,426,331	247.50	7,803,384	0.30	15.906767	42.887884
68.262488	41.098999	14.15	13,474,500	245.00	6,735,130	0.21	13.680260	40.391512
70.758861	43.595363	16.60	13,497,682	242.50	5,733,797	0.15	11.617594	37.895139
73.255233	46.092034	19.05	13,521,017	240.00	5,294,816	0.10	9.795650	35.398774
75.751606	48.588233	21.50	13,544,117	237.50	4,921,885	0.09	8.318629	32.902566

첫째. 등가가격 기준으로 1계약 매도증거금이 1,200만 원이라는 점입니다.
콜257.50 증거금 12,500,000만 원이고(등가격)
콜267.50 증거금 9,100,000만 원이고(10포인트 외가)
콜277.50 증거금 5,400,000만 원입니다.(20포인트 외가)

그리고 내가로 들어갈수록 증거금이 더 커지는 것을 알 수 있습니다. 풋옵션 쪽도 이와 비슷한 구조로 되어 있죠? 결국 외가를 매도진입했다고 하더라도 계속

손실이 나면서 등가까지 커지면 늘어가는 증거금 요구와 평가손실에 버틸 수가 없게 되고, 결국 마진콜이 나는 것입니다.

둘째. 주매도 종목인 10포인트 이상 외가옵션의 증거금은 대략적으로 1천만 원 내외 정도라는 점입니다. 위에서 10포인트 외가 콜옵션 증거금이 910만 원이므로 대략 1천만 원이 좀 되지 않는 증거금이면 진입은 가능합니다. 단, 위에서 언급했듯이 만약 등가가격까지 지수가 올라가면 증거금은 등가 증거금 정도를 요구할 것이므로 약 4~500만 원을 더 요구하게 됩니다. 반대로 더 먼 외가로 20포인트 거리로 멀어진다면 4~500만 원 정도 여유가 있게 됩니다.

바꿔 말하면, 최초 진입증거금이 꼭 고정된다는 것이 아니라 내 포지션이 안정적인지 아니면 불안정한지에 따라 증거금이 줄어들기도 하고 늘어나기도 한다는 점입니다. 증거금의 기초원인 두 가지를 승수제와 연결해보면 이 부분에서는 승수제가 나쁜 것만은 아닙니다.

승수제 이후에는 1천만 원 이하가 되면 매도주문은 들어가지 않으므로 대략적으로 1천만 원의 여유증거금을 남기게 됩니다. 예전에는 주문을 넣다보면 풀로 넣어서 여유증거금을 남겨두지 않다가 마진콜에 걸리는 경우가 많았습니다. 그런데 승수제 이후에는 대략 5천만 원 정도로 시작한다고 해도 1천만 원 정도 여유 증거금을 남기면 20%를 남겨두는 겁니다.

그리고 금액이 크면 클수록 승수제의 영향이 적어져서 거의 기관급 매매를 할 수 있습니다. 따라서 이 글을 보고 계신 독자 여러분도 향후에 자금을 크게 늘려서 꾸준하고 안정적 수익을 내시길 바랍니다.

제2장 | 이제 옵션합성전략의 기초개념을 이해하자

요약

승수제 이후 옵션 최소단위 0.01은 1천 원이 아니라 5천 원이며
1계약 매도증거금이 거의 1천만 원에 육박하게 되었음.
그러나 살아남을 방법은 있다!

8절 양매도의 증거금 원리

위에서 승수제 이후의 증거금 관계의 변화를 보았습니다. 이어서 양매도의 증거금 원리까지 깔끔하게 정리하는 자리를 갖도록 하겠습니다. 이 내용을 숙지하고 양매도와 나아가 양매도가 한층 더 진화된 콘돌 전략을, 진입 시 증거금을 생각하면서 진입 헤지를 하셔야 합니다. 또한 책으로 공부를 마치고 다 되었다고 생각하시면 안 됩니다. 시중 HTS에서는 증거금 계산도 전부 해주므로 시뮬레이션으로 증거금을 확인한 후에 실전 매매를 하는 습관을 들여야 합니다. 그럼 대략적인 양매도의 증거금 원리부터 설명하도록 하겠습니다.

첫째. 양쪽을 1계약씩 매도한다고 할 때 총 증거금은 대략 1천만 원입니다.
위에서 배운 바와 같이 대략적으로 생각하기에 1계약 옵션매도의 증거금이 1천만 원 내외기에 양쪽을 매도 치면 2배인 2천만 원이 들지 않나 생각하기 쉽습니다. 하지만 증거금의 원리는 리스크 증가에 따른 보증금으로 생각하시면 되므로 양쪽을 매도 친다고 해도 한쪽만이 리크스가 생기면 생겼지 양쪽이 동시에 생길 수는 없습니다. 따라서 이 원리를 생각하시면 양쪽을 매도 치나 한쪽을 매도 치나 증거금은 같다는 것이 이해가 되실겁니다.

둘째. 헤지를 하면 헤지를 들어간 쪽의 증거금이 줄어듭니다.
위에서 증거금은 리스크에 대한 담보현금이라고 배웠던 것을 상기하시기 바랍니다. 그러면 아래 그림과 같이 위로 갈 것을 대비하여 양매도에서 콜 내가매수를 하여 (이것을 레이쇼라고합니다 외가 콜 3계약당 내가 콜1 계약 비율 : 3:1 레이쇼) 위로 갈 것에 대한 헤지를 한 것임을 이해할 수 있을 것입니다.

이럴 경우 콜 쪽 증거금이 풋 쪽 증거금에 비하여 현저하게 줄어듭니다. 만약 지수가 급격하게 올라 280을 넘어가서 이론손익 만기손익이 아래로 내려가는 구간으로 접어든다면, 물론 증거금은 엄청나게 요구할 수 있습니다. 결국 내가매수를 더 크게 하면 할수록 리스크는 줄어들 것입니다. 그리고 아예 비율을 1:1로 만든다면 강세 스프레드가 되면서 더 올라도 수익이 나면서 증거금 걱정이 없게 됩니다.

그러므로 어느 정도 매수의 헤지를 하는지에 대해서는 시장의 힘이 어느 정도냐에 따라 적당하게 진입하는 것이 중요합니다. 약간 올라간 것에 놀라서 너무 큰 금액을 매수하다가는 증거금 걱정은 하지 않아도 되지만 다시 지수가 하락할 경우 손실이 날 수도 있기 때문입니다. 대략적으로 아래와 같이 내가매수를 해서, 그 방향으로 가도 평가손실이 크게 발생하지 않고 적당하게 진입했다고 보면 됩니다.

셋째. 매도 이후 한칸 외가 매수를 하면 증거금이 10분의 1로 줄어듭니다.
위의 양매도에서 레이쇼로 헤지한 포지션의 만기손익을 보시면 어쨌든 손실은 무한대로 내려가게 되어 있습니다. 손실이 나면 날수록 일단 손실금에 대한 증거금은 더 요구할 수밖에 없고 또한 만약의 경우에 만기손익으로도 손실구간에 접어들면 극도의 공포심이 엄습합니다. 즉 추가하락을 할 경우 손실 무한대로 빠질 수도 있다는 생각에 손절을 하는 경우도 많습니다. 하지만 극단적인 공포

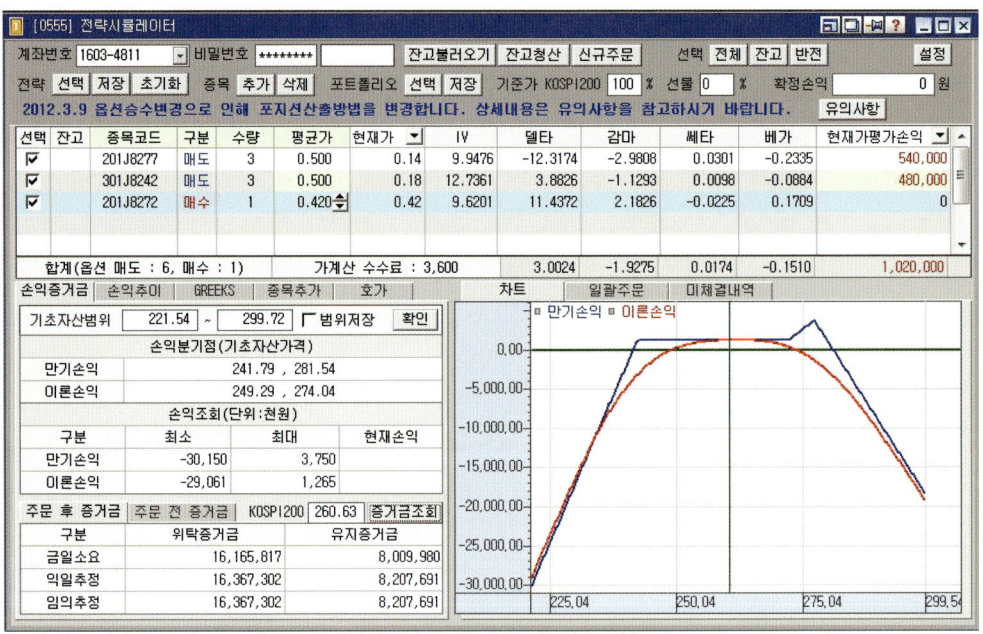

양매도에서 레이쇼로 헤지를 한 모습

심 이후 V자로 반등하는 경우도 매우 자주 일어납니다. 결국 엄청난 뇌동매매를 하는 격이 되어서 그럴 경우가 바로 합성1~2년 차 초보들이 계좌가 아래 위 전부 터져 반 토막이 나는 사례가 되는 것입니다. 이를 극복하기 위하여 이후에 자세하게 설명하겠지만, 아래 모양의 손실 무한대 구간을 제한한 합성을 추천하는 바입니다. 일단 양매도보다는 한칸외가 매수금액만큼 수익은 줄어듭니다. 하지만 재미있는 것은 아래 위탁증거금을 보시면 120만 원 정도인 것을 보아도 알 수 있듯이, 한칸외가 매수를 하면 증거금이 1천만 원에서 10분의 1로 줄어듭니다.

만약 같은 1천만 원으로 일반 양매도로 진입한다면 1계약 이상 들어갈 수가 없습니다. 하지만 아래 포지션의 경우에는 1천만 원 대비 약 10계약 정도가 들어갈 수도 있으므로 수익금도 거의 10배 정도 더 날 수도 있습니다. 이것을 레버리지 매매라고 합니다. 이 매매의 증거금이 120만 원인 이유는 최대 손실이 120만 원이기 때문입니다.

즉 내 투자금은 최악의 경우 다 날릴 수도 있지만 원금 이상 손실은 나지 않는다는 점입니다. 물론 이러한 레버리지를 풀로 이용하는 것보다는 적당히 이용한다면 일반 양매도보다 더 다양한 전략을 구사할 수 있습니다. 이러한 레버리지매매는 예전에는 일반 증권사가 전부 허용하였으나 현재는 거의 제한을 하였습니다. 통상 본사와 증거금 협상을 하여야 하므로 개인투자자에게 매우 그 길이 제한되어 있습니다. 이 점은 배박사 투자전략연구소에서 도움을 드릴 수 있습니다.

콘돌 전략은 뒤에 자세하게 알려드릴 내용이겠지만, 가장 핵심이 되는 내용이므로 간단하게 언급하였습니다. 그럼 지금까지의 내용을 반복 또 반복해서 기초지식과 내공을 쌓으셨다고 생각되시면 다음 장으로 넘어가볼까요?

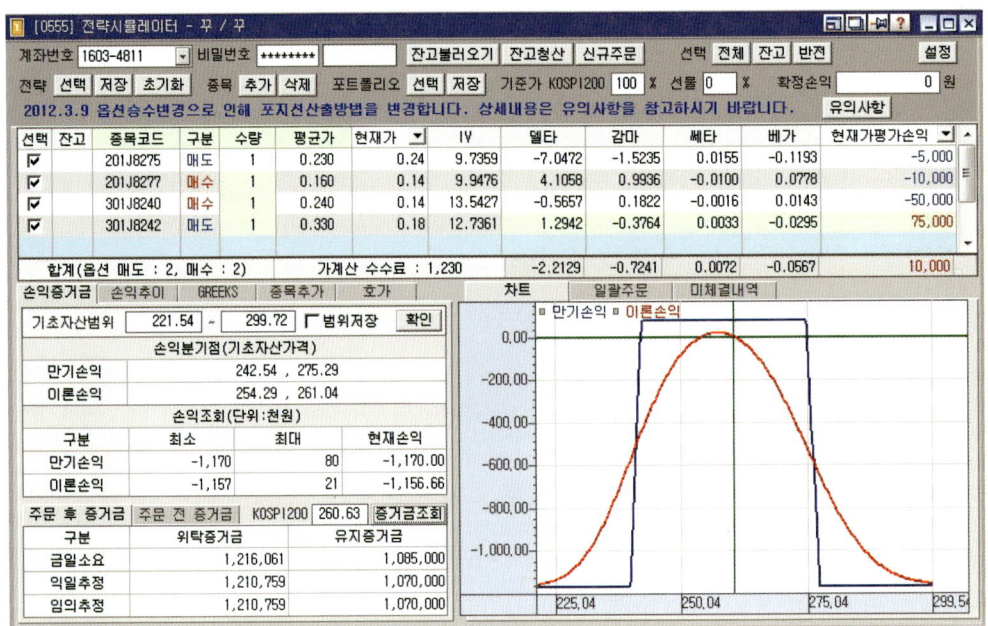

양매도에서 한칸외가매수를 하여 콘돌로 만든 모습

요약

양매도의 증거금 = 한 쪽 증거금 1천만 원
헤지를 하면 증거금 축소
한칸외가매수를 하면 10분의 1로 축소

제2장 핵심 내용 및 전망

2014년에 가장 충격적인 장이면서 재미있었던 장은 7월장이었습니다. 7월 말 최경환노믹스가 실행에 옮겨지자 그 여파로 260 만기에서 274까지 오르면서 콜옵션대박의 장이 나왔습니다.

그 뒤 다시 급락장이 나타나면서 풋옵션에서 10배 이상이 터져서 한마디로 공포감이 밀어닥치기도 했습니다. 하지만 그달 만기지수는 역시 265.88로서, 큰 상승도 없었으며, 그렇다고 큰 하락도 나타나지 않고서 장을 마감했습니다. 즉 전 만기지수 대비 겨우 6~7포인트 정도만 상승하는 것으로 마감을 했습니다. 그런데 이때 개인과 기관 대부분은 손실을 보았습니다.

급등장에서 개인이 274.60까지 오르자 마진콜 물량으로 때문에 변동성이 폭발한 상태에서 콜매수에 집중하는 개인이 있었지만, 기관은 이미 로스컷에 걸려 손절을 했습니다. 때 맞춰서 공교롭게도 아래와 같은 결제월별시세표가 대거 수정되기에 이릅니다. 이 사고가 난 이후 기관 쪽에서는, 아예 전 만기 대비 20 포인트 이상 벌려놓으면 심리적으로도 아무런 탈 없이 수익이 날 수 있다는 판단을 한 것 같습니다.

위아래 코스피지수가 30포인트까지 차월물과 차차월물도 범위를 넓게 확대시키면서, 합성하기에는 더없이 유리한 환경이 나타났습니다. 이를 십분 활용하여 되도록 차월물 진입을 2주 전에 하고, 차차월물도 될 수 있으면 빠른 시일에 이동하는 것이, 감마리스크를 제거하는 아주 확실한 방법입니다.

최근 들어서 시장은 미국뿐만 아니라 중국과도 디커플링이 심화되고 있는 상황입니다. 이럴 때에는 더욱 보수적으로 범위를 넓혀서 슬기롭게 진입하는 매매를 하면서 급등락장을 헤쳐나가시라는 당부의 말씀을 드립니다.

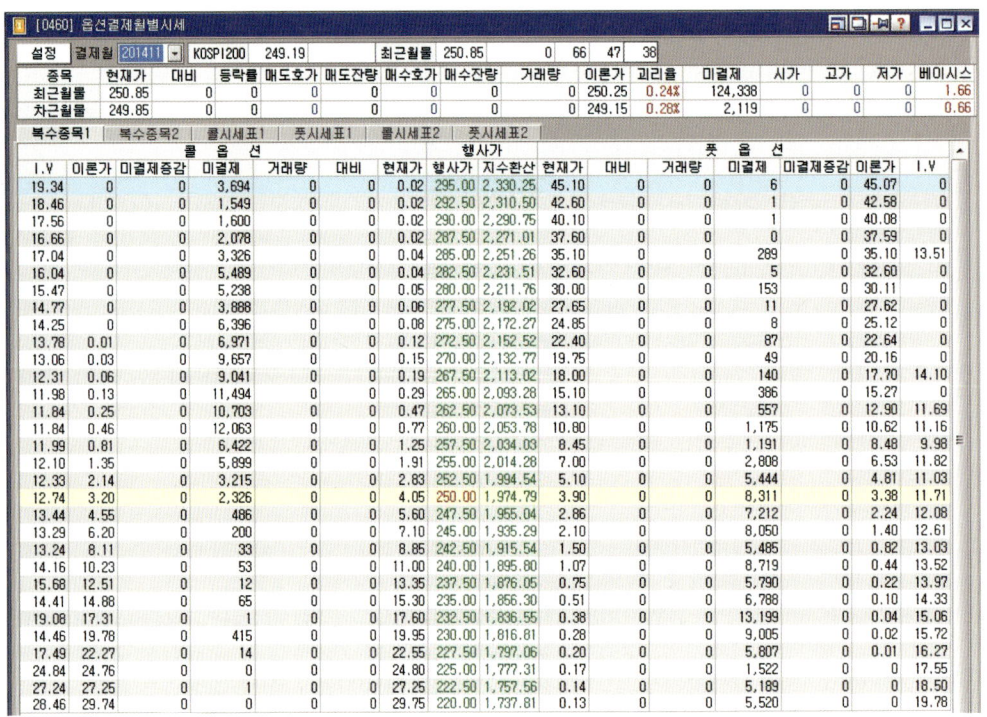

7월 대형사고 이후 위아래 30포인트 이상 벌려놓은 결제월별시세표 참조

배박사의 옵션합성 전략매매

3 기관급매매 따라잡기 비법 공개

제3장
기관급매매 따라잡기
비법 공개

여러분은 지금까지 앞 장에서 국내 최초로 이야기식으로 엮어 내려가는 옵션의 기초 지식을 배웠습니다. 1, 2장의 내용을 충분히 숙지하셨으면 왜 옵션투자를 해야 하는가부터 거시경제적 시각과 옵션의 기초단위와 기초증거금을 익히셨을 것입니다.

자, 그럼 이를 바탕으로 심도 깊은 기관급매매 방식을 익힐 차례입니다. 앞에서 기초 지식을 충분히 숙지하지 못했다면 다시 한 번 앞으로 돌아가서 1장과 2장의 내용을 충분히 익히는 것이 중요합니다.

참고로 이 책이 출간되고 나서 당분간 이데일리 증권방송이 주관하여 크게 3강으로 나누어 1달 코스의 오프라인 교육을 매달 초에 열 계획입니다. 너무 무리하여 실전을 하시다가 비싼 수업료로 전 재산을 날리는 우를 범하지 마시기 바랍니다. 기초개념을 정확하게 익히시고 이번 장부터 매매에 고급 스킬을 충분히 익히신 후에 실전을 하시라고 거듭 당부 말씀드립니다. 그럼 여러분을 이제 기관급매매의 비법과 방법으로 안내해 드리겠습니다.

제3장 | 기관급매매 따라잡기 비법 공개

기관도 하지 않는 방향성매매의 오류

앞에서 옵션기초단위를 보면서 선물기초단위를 공부했습니다. 선물은 사실 이론적으로 깊이 있는 공부는 할 것이 없고 선물1포인트 수익은 50만 원 수익이 난다는 것만 알면 됩니다. 이게 전부입니다. 옵션은 콜옵션매도와 매수 풋옵션매도와 매수로 나누어 매도가 유리하다고 하였는데, 여기에서 다시 외가 내가 등가로 나누어 옵션은 접근을 할 필요가 있기 때문에 상당한 공부를 해야 합니다.

아마도 그래서인지 전문가들조차도 옵션을 제대로 공부하지 않아서 옵션매도는 하지 말라고 단언하기도 하고, 선물 방향성매매 내지는 장중 단타매매의 리딩을 하는 것이 그 대부분입니다. 이 이론은 매우 간단합니다. 선물로 하루 1포인트 한 달 20일 20포인트 수익으로 월 1,000만 원 수익을 내는 것이 과연 가능이나 한 것인가?

이런 매매의 기초는 선물시스템매매를 끝까지 따라하는 것을 전제조건으로 합니다. 그렇다면 신호를 주는 시스템 신호의 기본 원리로 들어가 보겠습니다. 신호는 상승이든 하락이든 추세를 끝까지 따라가서 수익을 내는 추세추종형 신호와, 최근의 장과 같은 박스권장에서 변곡 신호를 주는 비추세형 신호로 나눕니다.

수익이 크게 나는 신호는 당연히 추세추종형 신호입니다. 예를 들어 지수 1,000포인트에서 277포인트까지 하락한 외환위기 때와, 277포인트에서 다시 1,000포인트까지 수직상승을 할 때 추세추종형 신호 매매는 시대의 영웅을 만들어 내기도 했습니다. 즉 선물 흐름의 대부분이 끝까지 추세를 만들면서 마쳤기 때문에 추세가 끝날 때까지 그 방향으로 밀어붙이면 가장 속편하고 깔끔한 수익이 났기 때문입니다. 그러나 앞 장에서 언급했듯이, 지금은 해외의 급격한 돌발 악재나 호재로 인하여 시장이 크게 움직이는 장이 아닙니다. 특히 우리나라의 경우는 미시경제적 관점으로는 경기정체기로서, 작은 수렴권 장세가 이어지고 있는 현실입니다. 즉 지금은 80-90% 장이 옆으로 횡보하면서 지나간 지수대를 다시 지나가는 왕복달리기를 잘하는 매매가 이기는 매매로, 그 신호는 아무런 의미가 없는 장입니다.

차라리 인간의 두뇌에 의존하는 분할로 고점매도 저점매수를 나누어 진입하는 매매가 더 확실하고 안전한 수익을 낼 수 있는 시장입니다. 즉 하루 고정적으로 1포인트 수익을 낼 수 있는 장이 아니라 시장 움직임의 패턴을 눈치 채면 그이상의 큰 수익도 낼 수 있기 때문에 굳이 매일 단타를 고집할 필요가 없는 것입니다.

특히 하루 1포인트 수익의 압박감 때문에 만약 하루 1포인트 손실로 마감했다면, 다음날 3포인트의 수익을 내려는 다급함 때문에 결국 선물매매보다 레버리지가 센 매매로 돌립니다. 바로 옵션외가를 풀매수 배팅으로 과감한 매매를 하다가 결국 계좌를 전부 날리는 길로 가는 매매는 대부분 이렇게 해서 나타납니다.

독자 여러분은, 결국 이런 매매 때문에 신호매매에 의지하는 매매도 허구라는 것을 알아야 합니다. 대부분의 선물시스템매매에 의한 신호는 추세매매와 비추세 매매의 구별이라는 문제점에서 꾸준한 수익을 만들어 내지 못합니다. 그러다 결국 증권방송의 전문가를 의지하게 됩니다. 자신의 실력의 한계를 전문가로부터 커버받고 싶기 때문일 것입니다.

하지만 이 문제점은 해결될 수 없고 오히려 전문가의 리딩은 일반인들에게 수익을 주고 말겠다는 자존심 때문에 더 큰 손실을 유도하기도 합니다. 그래서 기관에서도 최근 추세는 절대 선물신호매매를 하지 않습니다. 자문사들도 한때 선물신호매매, 즉 시스템신호매매에 의한 상품을 내놓았으나 수렴권장이 3년 이상 이어지면서 거의 사라졌고, 옵션합성전략을 주로 하는 자문사는 꾸준한 수익을 내고 있습니다.

선물 최근 분봉 – 중심선 265를 기준으로 위로는 268과, 아래로는 262.50 사이를 등락하는 모습

물론 이러한 수렴권장도 언젠가는 발산을 하기 위한 힘을 모으고 있다고 생각할 수

있습니다. 하지만 이 기간이 80~90%이기에 이런 장에서는 철저하게 합성전략을 구사해야 합니다. 지금은 2000포인트 내외장이 연속되므로 아래 선물 모습처럼 예전에 지나간 길을 계속 왕복달리기 하는 박스권 매매장이 대부분인 상황입니다.

그러나 여기서 또 다른 함정은 이런 박스권장이 이어지다가도 위든 아래든 큰 추세가 한 번 나온다는 것입니다. 80~90% 수렴을 할 때 변곡매매로 수익을 냈다가도 한 방향으로 가는 큰 추세가 나오면 그 뒤 추세추종형 신호로 따라가기 전에, 순간 비추세매매 신호가 큰 손실이 난다는 문제입니다.

따라서 위와 같은 움직임이 80~90%라면 차라리 안전한 시간가치 수익을 추구하는 옵션합성전략매매를 하는 것이 유리합니다. 또한 만기가 다가올수록 이미 가격이 형편없이 죽어서 그 뒤 추세장이 나오더라도 충분히 대응을 할 수 있기 때문에 적지만 알찬 수익을 추구하는 매매 습관을 가지시라는 당부의 말씀드립니다.

그럼, 왜 기관(여기서 기관은 증권사 파생상품 운용팀 즉 금융투자로 국한합니다)은 1년 내내 지독할 정도로 옵션 양매도 위주의 포지션을 하는 반면에, 개인은 그와는 정반대의 옵션 양매수 위주의 대립되는 포지션으로 만기를 맞이할까요? 대부분은 기관과 방향성을 정확하게 가미한 외국인이 거의 완승을 하며, 개인은 월물초에 평가수익이 나는 때가 가끔 있지만 결국 만기일에는 철저하게 패하고 맙니다.

왜냐하면 뒤에 나올 만기지수 10포인트 법칙에 따르면, 1년에 코스피로 전 만기지수 대비 10포인트를 벗어나는 만기가 흔하지 않기 때문입니다. 이런 지독

제3장 | 기관급매매 따라잡기 비법 공개

한 법칙과도 같은 매매가 1년 내내 계속되면서 기관은 1년에 1~2번 손실을 보게 될지언정 꾸준한 수익을 냅니다.

반면 개인은 11번 손실에 한 번 수익이 날 수 있습니다. 하지만 결국 개인의 계좌는 한때 영웅이 될 뻔한 영웅담은 나올지언정, 지금은 있는 것 모두 다 날리고 대여계좌에 전전긍긍하는 신세를 면할 수 없는 것이 개인이 처한 상황의 대부분이라는 점이 안타까울 따름입니다. 이러한 규칙이 반복되고 있는 근본 원인은 간단합니다.

기관은 개인에 비하여 증거금 활용에서 유리하기 때문입니다. 기관에서는 사후증거금으로 먼저 각 트레이더들에게 할당하고 옵션매도 계약수는 증거금에 구애받지 않고 매매할 수 있다는 장점이 있는 반면, 개인투자가들은 계좌에 있는 예탁금 내에서 매매를 해야 하기 때문입니다. 더욱이 2012년부터 증거금이 5배로 늘어나면서 철저하게 개인투자가를 옵션매도에서 배제시키는 역할을 도왔습니다.

아마도 옵션 승수제는 개인투자가들의 보호를 위해서라는 명목으로 급하게 실시했지만 사실상 개인투자가들로 하여금 옵션매도를 하지 못하게 유인하는 기관과 외인의 음모라는 생각이 들기도 합니다. 결국 개인투자가들로 하여금 대박을 노릴 수밖에 없게 만들어서 월물초에 옵션외가에 개인의 매수가 몰리면서부터 이를 매도로 접근하는 기관과 외인의 합작품이 나오게 되는 것입니다.

이들 월물초에 외가옵션이 월 중순 들어서 거의 시체가 되어갈 무렵부터 최근에는 고도의 개인 죽이기 장중 단타매매가 들어옵니다. 즉 개인이 오전부터 콜을 사면 지수를 끝까지 밀어서 반 토막을 내놓고 다음날 다시 개인이 콜을 손절하고 풋으로 몰리면 그날부터는 끝까지 지수를 올리는 것입니다. 이런 식으로 철저하게 개인포지션을 죽이기 작전을 하기 때문에 전문가의 납득하기 어려운 시황 따위나 증권방송의 시황은 전혀 도움이 되지 않습니다.

또한 앞으로 어떤 매매를 할 것인가를 정해야 합니다. 이제 개인투자가들이 하는 매매는 절대 하지 않으면서 기관급매매를 할 것이라고 다짐을 하시길 바랍니다. 그리고 월 수익률을 5%에서 적게는 3%, 많아야 10%를 넘지 않는 매매를 해야만 합니다. 최근의 예를 들어보겠습니다.

국내 프로야구 신생구단인 엔씨소프트 야구단을 창단하기 전에 김택진 회장이 파생매매로 1,500억 원을 벌었다고 하여 화제가 된 적이 있습니다. 아마도 이 수익금으로 야구단을 창단할 돈을 힘 한 번 쓰지 않고 번 셈이 되었으니까요. 그러면서 개인투자가 매매 역사상 최단기간인 6개월에 천억 원대 이상의 돈을 벌어서 명예의 전당에 그 이름을 올렸습니다. 그 비결은 바로 월 5% 수익을 체계화했다는 데에 있습니다.

자본금 5,000억 원으로 6개월간 1,500억 원 수익을 올렸다면 그만큼 매매에 확신이 있었다는 것입니다. 월 5%의 수익과 목표금액 도달 시 매매중단이라는, 사실 엄청난 자기절제가 있었다는 점입니다. 이렇게 개인투자가들도 매매방식을 바꾸면 오히려 기관 외국인보다 더 큰 수익을 낼 수 있는 것입니다. 그러니 여러분께서도 힘내시고 다시 한 번 기관급매매 마인드로 바꾸어 도전하시기 바랍니다.

제3장 | 기관급매매 따라잡기 비법 공개

> **요약**
>
> 방향성매매로 큰돈을 벌겠다는 생각은 환상이다. 이런 마인드를 버리면 성공할 수 있다.
> 1,500억 원을 버는 방법은 월 5%만 꾸준히 벌어도 된다!!

2절 기관급매매에 매도 종목 고르기

이제 여러분은 생각을 바꾸시고, 매달 적은 수익이지만 이 수익률이 평생 난다고 하면 지금 당장이라도 기관급매매의 주인공이 될 수 있습니다. 요즘은 꼭 자산운용사를 차리지 않는다고 하더라고 증권사 직원이면 누구나 랩어카운드를 만들 수 있습니다. 따라서 월 2% 정도의 수익만 내더라도 1,000억 원 이상 운용하는 경우도 있기에 더욱 옵션합성매매에 집중해야 합니다.

위에서 든 예로, 5,000억 원을 운용할 경우 월 5%만 수익을 내도 6개월 누적이면 어마어마한 금액인 1,500억 원을 벌 수 있습니다. 그러니 절대로 수익률에 욕심을 내서는 안 됩니다. 여기서 알려드리는 방법도 일단 개인투자가로서 기관과 비슷하게 수익을 내려고 할 경우를 예로 든 것입니다. 그러니 이것을 더 응용하여 수익률을 더 낮추어 10%가 아닌 2%로 낮출 경우에는 리스크가 더 낮아지니 여기서 알려드리는 비법은 기본적 이론임을 상기하셔서 자신의 매매에 맞는 스타일로 개발하시길 바랍니다.

아주 극단적인 예로 만약에 절대 팔 수도 없고 손해나서도 안 되는 지분(기업체 대주주지분)이 있다면 아래 표에서 콜 최외가 277.50을 0.21에 풀로 매도 칩니다. 현재 코스피 지수 260 대비 코스피 10포인트 법칙에 의하여 최대 상승을 하더라도 270 정도이고 이보다 17.50 위에 있는 콜은 결제될 확률이 거의 없습니다. 277.50을 1천만 원당 1계약 매도한다고 해도 0.21×5=약 10만 원이니까,

1% 정도의 수익이 매달 안정적으로 날 겁니다.

지금처럼 해외증시와 디커플링이 심하고 2,000선에서 크게 오르지 못하는 장에서는 이와 같이 최외가 콜매도가 가장 안전한 비법이라고 하겠습니다. 왜냐하면 혹시나 아래로 급락하면서 변동성이 폭발하는 장이 올 확률은 위보다는 확실히 크기 때문에 심리적으로도 지금은 콜매도가 더 유리한 것입니다.

결국 큰 자금이나 절대로 손실이 나면 안 되는 자금은 이와 같이 월 1% 수익이 모아져 연 12%의 수익을 낸다면 확실히 적은 수익이 아닙니다. 그러나 개인투자자가 이와 같은 수익을 낸다면 큰 메리트는 없겠죠? 그럼 실질적으로 가장 합리적이고 수익률이 괜찮은 종목을 월물초에 고르는 방법을 알려드리겠습니다.

첫째, 가격은 양옵션 중에서 10~5만 원 사이의, 더 보수적으로 접근한다면 양옵션 가격이 5만 원 이하인 종목을 고르는 것입니다. 둘째, 등가격에서 거리는 기본으로 10포인트 이상 벌려놓아야 하며 콜이 15포인트 정도 거리면 풋은 17포인트 벌려도 됩니다.

1) 5~10만 원 사이의 종목을 고른다. 2) 등가격에서 10포인트 이상외가를 고른다.

아래 결제월별시세표를 보고 이 규칙에 맞는 종목을 골라보겠습니다.

2014년 8월 결제월별시세표 – 옵션만기 2주 전 진입

첫째 규칙 중 아주 보수적인 접근으로 5만 원 정도 양옵션 가격을 골라보면 콜 275의 0.34 그리고 풋은 풋242.50의 0.45를 골라봅니다. 둘째 규칙에 따르면 위와 같은 종목이 나옵니다. 즉 콜에서는 등가 260 대비 15포인트 거리인 콜 275을 골랐을 것이고, 풋은 콜보다 한 칸이나 두 칸 더 멀리 있는 풋242.50을 골랐을 것입니다. 이렇게 고른 종목은 거의 만기가 다가올수록 양쪽 프리미엄이 급감하면서 수익이 나는 달이 90%입니다.

그리고 통상은 위 두 종목은 헤지를 하지 않고 진입 이후 1~2주 정도 지나면 상당한 수익이 나 있는 달이 많이 나옵니다. 이럴 때는 헤지를 하는 것보다 지금 상황을, 다음에 알려드릴 여러 가지 분석 방법으로 연구하면서, 지켜보시면 됩니다. 현재의 시황은 거시경제와 미시경제적 관점으로 시장을 보아야 하고, 미시적 관점으로 본 이후에야 이 책에서 알려드릴 만기지수 10포인트 법칙. 최외가 결제불변의 법칙 등으로써, 결제가 미리 되지 않을 종목군에 속하는가를 보는 것이 중요합니다.

무엇보다 양 프리미엄의 가격 자체가 죽는 것이 가장 확실하게 수익을 주는 것을 알려줍니다. 따라서 아래의 결제 월별시세표를 보고 지난주에 진입한 옵션가격이 얼마나 축소되었는가를 비교해보면 이 분석으로 진입한 옵션매도가 얼마나 높은 확률로 수익이 나는지를 알 수 있습니다.

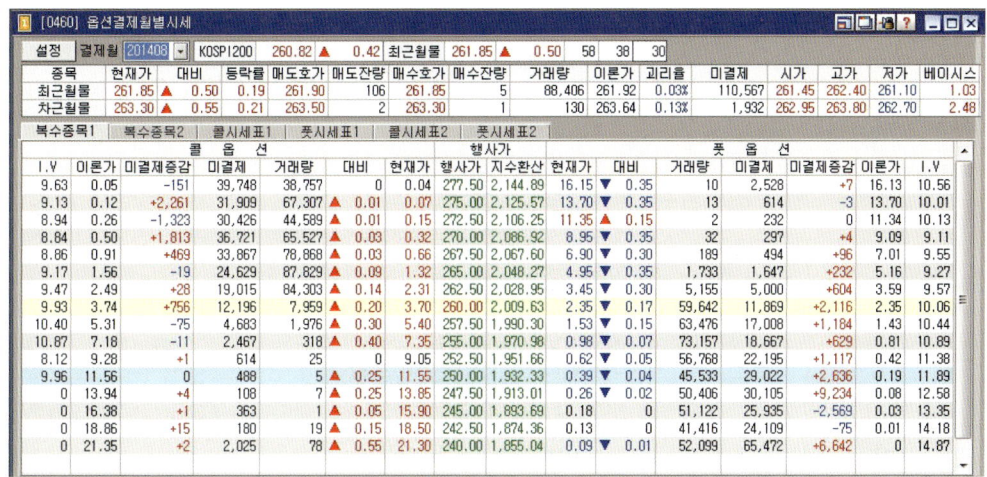

8월물 옵션 진입 후 2주가 지난 가격

콜275 가격 0.34에서 2주일이 지난 시점에 콜275 가격 0.07
풋242.50 가격 0.45에서 현재 가격 0.13으로 이미 양옵션 프리미엄이 크게 빠진 상태입니다.

사실 2011년 전에는 만기 2주 전부터 진입하여 만기결제까지 그 리스크를 안고 매매하는 기관도 많이 있었습니다. 어마어마한 감마리크스를 안고 만기결제를 들어가다가 결국 11월11일 사태 이후 이런 매매는 전멸하였습니다. 저 배박사가 방송에서도 알려드린 바와 같이 만기 전주에 이미 차월물로 넘어가는 매매를 해야 합니다.

즉 위에서도 차월물을 만기 2주일 전에 진입한 가격과, 이미 월물초에 이렇게 미리 진입한 옵션프리미엄이 빠르게 죽어서 이미 월말쯤이 되면 그 가격이 형체도 없이 줄어들어버립니다. 그러므로 옵션의 원리를 잘 이해하신 분이라면, 굳이 만기 2주 전에 이번 물에 진입하는 것이 아니라 만기 2주 전에 아예 차월물로 진입을 하여 빠르게 이동을 하는 것이 훨씬 유리하고 고급매매라는 것을 알게 될 것입니다.

즉 옵션매도의 최대의 적인 감마리스크를 간단하게 피해갈 수 있기 때문에 평생 재테크의 수단으로 써 먹을 수 있다는 결론를 내릴 수 있는 것입니다. 그리고 원하기만 하면 수천억 원의 자산을 운용하면서 큰 리스크 없이 길게 장수할 수 있는 비결이기도 합니다.

요약

옵션매도는 빨리 진입할수록 좋다.
감마리스크를 없애기 위해 아예 만기 2주 전에 차월물 옵션의 먼외 가를 매도 치는 비법!!

기관의 의도를 보자, 미결제 약정

프로야구에서는 데이터에 의한 야구를 한다고들 합니다. 우타자에게는 몸 쪽에 꽉 찬 공을 던질 수 있는 우완투수가 유리하고, 좌타자가 많이 포진해 있는 구단에게는 반대로 좌완투수가 유리하다는 것은 데이터로도 증명이 됩니다. 물론 이것은 절대적인 것이 아닙니다. 좌우 어느 타자에게나 강한 투수들이라면 그 투수는 에이스투수이긴 합니다.

파생에서도 마찬가지입니다. 철저하게 데이터에 의한 분석을 바탕으로 투자를 하는 쪽은, 심리적으로 또는 뇌동매매로 하는 방향성매매와는 비교가 안 될 정도로 승률이 높습니다. 그러나 어떤 데이터를 기준으로 하느냐에 따라 그 정확도도 달라진다고 할 수 있겠죠. 예를 들어 지나간 후행적 보조지표라든가 지나간 신호로는 100% 승률을 자랑하는 신호로 단 한 치 앞의 미래도 맞출 수가 없습니다.

합성매매에 있어서 가장 정확한 기관급의 눈을 가지고 보는 지표는 단 하나, 바로 옵션매도 미결제입니다. 옵션미결제란? 이것은 한마디로 매도자의 흔적이라고 보시면 됩니다. 매도가 들어오면 + 매도가 철수하면 -로 나옵니다. 당일 매도와 매수가 수없이 교차로 일어나는 데 매도자가 더 들어오면 미결제 증감에 + 빨간색으로 표시되고 매도자가 철수하면 -파란색으로 나옵니다.

그 뒤에 미결제는 이러한 매도자의 미결제를 한 달간 누적해서 기록한 것입니다. 대략 일주일 지난 후에 1만계약으로 늘어난 종목은 1차로 결제될 확률이 많지 않다고 보시면 됩니다. 위에서 콜270과 풋255가 약 만계약으로 미결제가 늘어났으므로 1차로 이 종목은 결제가 되기 어렵다고 판단해서, 이 종목보다 외가옵션을 매도로 공략하면 됩니다. 그리고 2~3주가 지나고 3만계약 이상 증가하면 이런 종목은 기관 외인이 매도로 공략한 종목이므로, 결제가 되기 매우 어렵다고 보시면 됩니다.

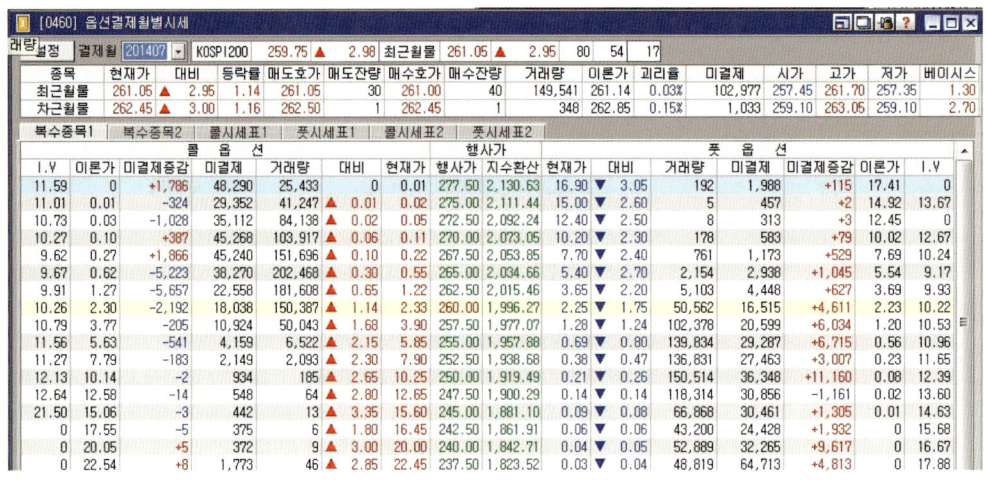

1) 옵션미결제 : 옵션매도의 증감. +빨간색증가 매도증가 - 파란색증가 매도 철수
2) 미결제가 증가하여 결제되지 않을 확률이 점점 높아가는 과정
   일주일 경과 : 1만계약으로 증가 2~3주 경과 : 3만계약 이상 증가

위 결제 월별시세표는 만기 이후 2~3주가 지난 것으로서, 콜265의 미결과 풋

255의 미결이 3만계약이 된 것을 볼 수 있습니다. 즉 만기 이후 1주일 지난 시점에서 1만계약은 비교적 큰 범위인 270~255로 시작하다가, 1~2주가 더 지난 시점에서는 확신을 가지고 매도자가 추가로 진입을 합니다. 위로 큰 상승은 어렵다고 보고 265~255로 범위를 축소한 것입니다. 이를 근거로 이 범위보다 외가 옵션을 매도 치던가 아니면 이와 같은 종목을 매도 친다면 결국 만기가 가까이 올수록 승리의 웃음을 지을 확률이 높습니다.

단, 이 지표는 시장이 정상적으로 흐를 때에만 적용됩니다. 기관이라고 해도 만기 일주일을 남겨놓고 당할 때가 종종 있습니다. 이런 장은 철저하게 패턴 연구를 공부해야 합니다. 그러니 다음에 알려드릴 여러 법칙들을 공부하셔서 1년에 한두 번 오는 예외의 장을 잘 헤쳐나가시길 바랍니다.

요약

매도자는 옵션미결제의 증가가 가장 중요한 지표이다.
일주일 지난 후 1만계약 이상 증가 2~3주 경과 3만계약 이상 증가되는 종목 이것만 관찰하면 옵션매도자는 충분히 이길 수 있다!!

# 만기지수 10포인트 법칙이 이 시장의 중심이다

위에서 옵션미결제를 공부했는데요. 미결제가 증가하는 원리도 만기지수 대비 10포인트 외가 종목부터 증가하는 경향이 있습니다. 즉, 복잡한 것 같지만 미결제와 만기지수 10포인트 법칙은 서로 연결된 사슬처럼 움직인다고 보면 됩니다. 따라서 위 미결제 증감과 만기지수 10포인트 법칙은 하나이고 이것만 알아도 옵션합성전략진입의 90%는 수익이라고 보면 됩니다.

이 글을 쓰고 있는 최근의 상황은 만기지수가 250대 초반을 몇 개월 끌다가 260 초반대 즉 종합지수로는 2,000포인트 근방에서 수개월째 이어지고 있습니다. 결국 코스피로 전 만기 대비 10포인트 이상 벗어난 장이 2014년 6월동안 1번 있을까 말까 정도이고 더 큰 상승이나 하락은 보이지 않고 있습니다. 결국 전 옵션 만기 대비 위아래 10포인트 이내로 다음 만기를 예상하고 전략매매를 한다면 90% 이상의 승률이 나온다는 결과입니다.

이러한 만기지수 10포인트 법칙과 함께 늘어나는 미결제를 잘 관찰하면 만기지수의 범위를 대략적으로 파악해서 얻을 수 있습니다. 그런데 무엇이 문제인가 하면 이미 진입과 동시에 양쪽을 매도 치는 신기술인 콘돌 전략으로 진입한 종목이 모두 수익이 날 확률이 90%이지만 만기 전에 포지션을 함부로 이동할 때 리스크가 발생한다는 것입니다.

제3장 | 기관급매매 따라잡기 비법 공개

이번 절만 공부를 잘해도 90% 이상의 승률을 거둘 수 있도록, 이번 개정판에서는 만기지수 10포인트 법칙에 대하여 최근 2년 동안의 움직임을 분석한 결과를 더욱 자세하게 알려드리겠습니다. 그에 앞서서, 위 결제 월별시세표를 보면서 대략적 종합지수와 코스피를 숙지하는 자리를 갖도록 하겠습니다.

종합지수 2,100포인트 = 271 근방
종합지수 2,000포인트 = 258 근방
종합지수 1,950포인트 = 252 근방

위의 내용을 제대로 숙지만 한다면, 앞으로 코스피의 재미있는 움직임에 얼마나 효과적으로 대응할 수 있는지를 저절로 터득하게 될 것입니다. 왜냐하면 글을 쓰고 있는 2014년 지금은 만기지수는 대부분 지속적으로 2,000포인트를 약간 넘은, 260 초반을 기록하고 있습니다.

2014년 초에는 1,900초반대도 내려갔으나 점점 하단이 올라가면서부터는 1,950 이하로 내려가는 만기는 형성이 되지 않고 있습니다. 즉 위에 코스피로 1,950 정도에 속하는 252이하 만기형성은 되지 않고 오히려 260 초반 만기가 대부분인 장입니다.

이런 습성은 다음에 나올 배박사의 수렴과 발산 이론의 일봉의 모습을 보시면 쉽게 이해가 될 것입니다. 이와 관련한 내용은 뒤에서 더욱 자세하게 공부하기로 하겠습니다. 이 글을 보시는 분이라면 이 책의 중간쯤까지 보시면서 어느 정도 이론적인 것은 마스터 했을 테니, 지금부터는 실무적이고 매매에 도움이 되는 내용을 위주로 전개하겠습니다.

잠시 예전으로 거슬러 올라가겠습니다. 2007년 서브프라임 모기지 사태 외에 가장 큰 이슈는 2011년 미국의 국가신용등급 하락의 여파로 한 달 만에 종합지수가 500포인트 하락을 한 것이라고 할 수 있겠습니다. 그 여파는 쉽게 가라앉지 않았습니다. 2011년에는 등락이 너무나 컸는데, 시장이 점차로 안정화된 2012년과 2013년을 연구해보면 2014년과 앞으로의 장이 보일 것입니다.

즉, 2011년은 고점 대비 500포인트를 빠진 충격 때문에 수렴권이 1,900~1,700사이로 200포인트를 횡보했고, 2011년도 수렴은 진폭의 속도도 상당히 빨랐습니다. 그러나 미국의 장은 또다시 신용등급 강등과 같은 대형 악재는 나오지 않을 것이기에, 2012년 이후로는 등락폭과 속도도 완만해질 것이었습니다. 이에 주의할 점은 만약 악재가 나와서 하락한다면 글로벌적 대형악재로 하락한 것인지 아닌지를 파악하는 것이 중요했습니다.

그리고 오히려 미국시장의 반등신호 유무에 따라 하락하던 우리나라 지수도 급등이 나올 확률도 높으니 이를 잘 확인하는 게 중요했습니다. 2012년 한 해 동안 종합지수 흐름과 합성전략매매와 연결시켜보면 특이한 결과를 얻을 수 있습니다. 콜매도와 풋매도 두 종목 중에 한 종목만 진입을 한다면 어느 것만 하는 것이 장기적으로 유리할까요? 정답은 풋매도입니다. 생각하기에는 급락장이 언제 나올지 모르니 풋매도보다는 콜매도가 안전할 것 같습니다. 하지만 냉정하게 당 연구소에서 연구한 결과는, 뜻밖에 풋매도가 안전하다는 게 결론이었습니다. 이는 실제 매매에도 많은 도움이 되는 것으로서, 이에 대해서는 뒤에서 더욱 자세하게 설명하겠습니다.

만기지수 10포인트 법칙 : 전 만기 대비 코스피로 10포인트 이상 벌어지지 않는

다는 법칙

최근 만기지수 260 초반 - 다음 만기는 270 초반 또는 250 초반 사이로 예상

4-1. 2012년 만기지수 10포인트 법칙 연구

2012년 2월까지 급등장에서는 가장 안전한 것이 풋매도입니다. 그 이후 5월까지 2,000포인트 내외 수렴장에서도 전 만기 대비 10포인트 이상 외가 풋매도만 들고 있으면 알아서 수익이 나는 장이었습니다. 그 뒤 5월까지 2,000 내외의 3개월 수렴 후 방향이 크게 잡힌다는 것이, 뒤에서 배울 수렴과 발산 이론의 중심 내용입니다. 이에 근거하여 아래로 발산을 시작하는 5월 초에는 쉽게 하락을 감지할 수 있었을 것이며 추세가 하방으로 굳어져서 2,000포인트에서 1,900까지 하락은 기본적으로 감지할 수 있습니다.

풋매도의 사고는 언제 터지냐면 1,900포인트에서 3일 만에 1,800포인트까지 하락하는 고점대비 200포인트이기에, 이는 헤지를 통해 충분히 풀어나갈 수 있습니다. 즉 이 부분이 바로 그 유명한 1년에 딱 한두 번밖에 오지 않는다는 합성매매가 죽는 장인 것입니다. 예를 들어 뒤에 배울 콘돌 전략으로 진입을 했다면 곡사포 전략으로 수정을 해서 1,800까지 하락하여도 손실이 나지 않도록 충분히 헤지를 했어야 하는 장입니다.

만약 1,800까지 하락할 때 평가손실이 없이 방어를 했다면 그때부터 최소 3개월 길게는 6개월 동안 정말 안정적인 수익이 나는 장이 연출됨을 알 수 있습니다.

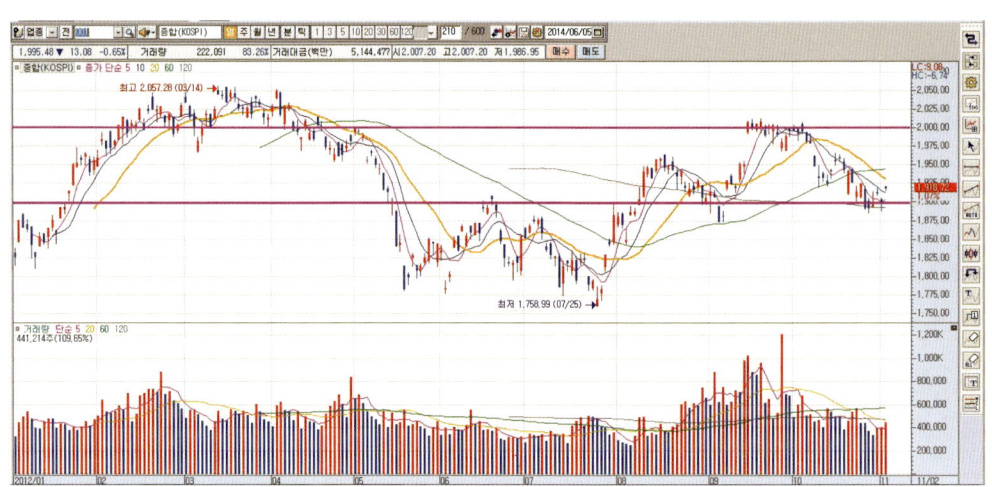

2012년 일봉 - 2,000포인트에서 1,900수렴 (5월~8월 1,900~1,800수렴권)

즉. 1년에 딱 한 1,800을 찍는 장이 올 때 헤지를 해서 안전하게 수익을 내고 나왔다면 그 뒤는 풋235(종합지수 대략 1,800) 이하의 풋매도만 3개월 진입하는 것이 안전한 매매인 것입니다. 왜냐하면 그 뒤 추가하락 없이 1,900~1,800수렴권이었기 때문에 무난하게 수익이 나는 게 풋매도입니다.

그리고 날카롭게 본다면 사실상 둘째 주 목요일 옵션만기일에는 1800 근방은 형성이 안 되고 거의 1,850 정도가 만기이었기에 풋매도가 생각보다는 위험하지 않다는 것입니다. 오히려 8월 이후 2,000을 수직으로 올라가는 반등장에서 당하지 않는 비법이기도 합니다. 결국 대략적으로 만기지수 대비 10포인트 밑인 풋매도만 연말까지 진입했어도 후반기는 6개월간 편안한 수익이 나는 장인 것입니다.

즉 만기지수 10포인트 법칙 중에 2,000 근방에서는 10포인트 외가콜매도가 우

제3장 | 기관급매매 따라잡기 비법 공개

리나라에서는 안전합니다. 하지만 1,900 근방이나 이상 급락으로 1,800까지 하락했을 때에는 2,000까지 급반등을 감안하면 10포인트 콜외가보다는 10포인트 풋외가 매도가 더 안전하다는 결론을 이 책에서 알려드리고 싶은 것입니다.

이 같은 내용은 1권 책에서는 나오지 않은 최근 3년간의 지수 흐름과 옵션만기 연구를 배박사 투자전략연구소에서 진행해서 얻은 결과입니다. 즉 2011년 대형사고가 나타난 해는 시장이 매우 불안정하였고 그 때문에 수렴권도 한때 1,900~1,700이었습니다.

하지만 2012년도에 와서는 대략 2,000~1,900권으로 안정화된 이후에는 옵션합성이 더 간단해진 것입니다. 2012년 이후 적지만 당하지 않는 안전한 수익을 내자면 코스피 235 이하의 풋매도 진입을 1년 내내 하기만 했어도 안전한 수익을 낼 수 있었을 것입니다. 만기지수 10포인트 법칙을 좀 더 실질적으로 매매와 연결시키면 1년에 딱 1번 200포인트 하락하는 장외에는 1년 내내 풋매도가 수익이 난다는, 오묘한 법칙과도 같은 내용을 알 수 있습니다.

2012년도 – 5월 급락장과 8월 급등장
이외에는 2,000~1,900수렴권(만기지수 10포인트 법칙 예외 두 번)

4-2. 2013년 차트와 만기지수 10포인트 법칙 상세 연구

결국 앞에서 배운 만기지수 10포인트 법칙으로 최초 진입을 한 후 장중에서 옵션미결제의 증감을 보면서 포지션의 이동 및 리스크를 감지하는 것이 1차 방어

수단입니다. 그다음은 이른바 보조지표나 신호 같은 것에는 관심을 가질 필요도 없이, 1년에 1번 나오는 전 만기 대비 대략 20포인트나 차이가 나는 급등장이나 급락장이 역사적 경험론을 통하여 어느 시점과 어떤 분위기에서 나오는지를 익히시면, 그런 패턴이 반복된다는 것을 알 수 있습니다.

그런데 이런 공부를 제대로 하지 않고 옵션매도에 입문한 합성 1~2년 차 초보들이 저지르기 쉬운 매매를 하는 것은 바로 이 예외의 장을 충분히 숙지하지 않고 대처법을 익히지 않아서입니다. 그러다 결국 1년에 1~2번의 예외의 장에 큰 손실을 내고 옵션합성매매의 매도의 리스크가 너무나 크다는 결론을 내고 마는 것입니다. 이 시장은 결국 확신을 가질 때 공격의 대상이 되는 것입니다. 예탁금이 매일 꾸준하게 늘어나는 기법이 있다고 확신을 하는 것은 절대로 금물입니다. 차라리 그러려면 은행이자만 받고 말아야 하는 것입니다. 하지만 재미있는 것은 이러한 큰 변동성이 오히려 시장에서 노력하고 공부하는 자에게 더 큰 기회를 줄 때가 많다는 것입니다.

어차피 주식시장은 확률적으로 접근을 하는 시장이 때문에, 그렇다면 2013년을 분석해보면 2014년이 가장 희망의 시기였다는 것을 미리 알 수 있었을 것입니다. 일단 2011년보다는 2012년에 딱 1번의 급락이 있었고, 그렇다면 아마 2013년은 더 안정적인 장이었을 것이라고 생각했다면 맞을 것입니다.

육안으로 보기에는 아래 2013년도 시장도 여름쯤에 1900까지 하락 후 3일 만에 1800을 하회하는 장이 나왔습니다. 이 때문에 그 무렵 매매하던 분들은 상당히 공포에 빠졌을 것입니다. 그러나 엄밀히 보면 당시에는 선진국 편입 여부를 둘러싸고 뱅가드펀드의 13조 원에 달하는 한국주식 포트 변성 때문에 매도를 공식적으로 발표를 했던 시기였습니다.

당시에 삼성전자가 150만 원에서 100만 원대까지 순식간에 하락하면서 지수를 뺄 수밖에 없었습니다. 또한 2012년도와 다른 점은 종합지수로 1,770을 찍은 후 3개월 수렴이 비슷해진 후에 수렴각도가 우상향하면서 1,900 근방으로 올라갔다는 점입니다. 그리고 정확하게 1,770을 찍지만 2012년 옵션만기는 대부분 1,900 근방에서 형성되었기에 엄밀히 말해서는 1,900을 하회한 장이 아니었던 것입니다.

즉 돈의 흐름이 해외의 거대 자본의 이동 때문에 일시적 하락 현상이 나타났을 뿐이지 시장 자체는 2,000~1,900 수렴권을 지킨 것으로 판단해야 하는 것입니다. 이렇게 본다면 2013년도 여름에 공식적인 발표 이후 1,800까지 하락을 헤지로 대처했다면, 차후 1,800 근방 즉 풋240 정도의 풋매도만 6개월을 진입했어도 안정적 수익이 났을 것입니다. 바꿔 말해서, 급락 이후 또다시 풋매도만으

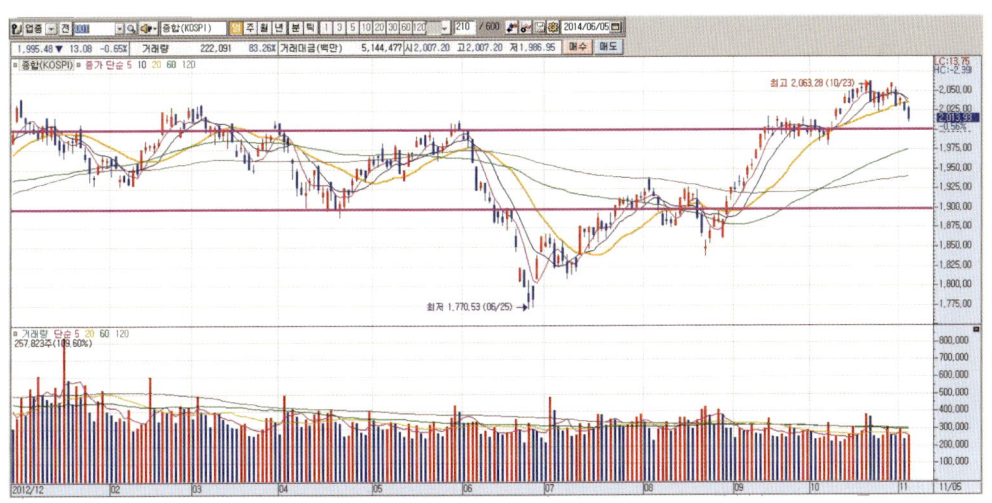

2013년 - 6월 급락장 외에는 2,000~1,900수렴권

로 안전한 옵션재테크를 할 수 있다는 오묘한 진리가 다시 한 번 진가를 발휘한 시기였습니다.

그렇다면 보나마나 2014년도에는 2,000~1,900 수렴권장이 더욱 안정화될 것이라는 판단도 큰 무리는 아닐 것입니다.

2013년 : 뱅가드펀드의 환매에 따른 급락 외엔 사실상 안정적 수렴권 돌입
2013년도 일봉 – 6월 일시적 급락

4-3. 2014년도 더욱 안정화된 10포인트 법칙

위에서 본 바와 같이 2011년이 최악의 해였던 이유는 종합지수 한 달 만에 500포인트 하락이라는 엄청난 후유증을 겪었기 때문입니다. 그 이후에는 2012년과 2013년은 거의 유사하게 2,000~1,900 수렴권을 유지하였습니다. 공교롭게도 5~6월 정도에 급락한 후에 1,900~1,800 수렴을 3개월 하고, 다시 2,000~1,900 수렴권으로 마무리가 되었습니다.

엄밀히 보면 2013년 뱅가드펀드 환매에 따른 일시적 충격은 인위적인 수급에 의한 하락이었습니다. 따라서 이를 제외하면 시장은 더 안정화된 것이나 다름이 없었습니다. 결국 2014년에는 종합지수로 2,000 근방인 만기지수대가 260 초반인 경우가 대부분이었으며, 풋매도는 250 내외 정도를 치면 무난하게 수익이 가능했던 것입니다.

2014년 초를 넘어가면서는 아예 1,950을 하회하지 않는 상승 추세로 접어 들면

> **제3장** | 기관급매매 따라잡기 비법 공개

서 250 초반까지만 만기지수가 내려가고 그 이상에서 만기가 형성되는 달이 대부분이었습니다. 결국 넓게 보면 2013년도에는 6월 급락장만이 예외적으로 전 만기 대비 20포인트 하락을 했기에 이달 이후부터는 매달 이 법칙을 기준으로 삼으면 됩니다.

마지막 장에서 자세하게 설명하겠지만 1년 내내 안정적 수익이 나다가도 1달 큰 손실이 나면 결국 계좌는 망가지는 것이나 다름없습니다. 따라서 위에서처럼 분석을 철저하게 했다고 하더라도 자금관리를 하지 않는 계좌와 자금관리를 하면서 최대손실을 줄이는 매매는 이럴 때에 큰 판가름이 납니다.

이 책을 읽는 독자 여러분은 1년에 11달을 이기는 비법을 배우셨으니 이런 장의 예외인 1달을 어떻게 헤쳐 나가는지는 이제, 독자 여러분의 몫입니다. 수익률과 최대손실폭을 줄여서 1달 손실을 최소한으로 적게 나오게 하든지 아니면 매매자금을 반으로 줄여서 충분한 자금관리를 하는 방법을 채택해야 합니다.

우리나라 돈으로 해서 3천만 원으로 3천억 원을 번 일본의 고레가와 긴조가 남긴 명언 중에, "나는 승률은 고작 30%밖에 되지 않는다. 그러나 손실이 발생할 때에는 승률이 70%인 친구들보다 손실금액이 적었다. 결국에는 시간이 지날수록 큰돈이 모이게 되어 있다."라고 말이 있습니다.

뱅가드펀드의 환매물량 때문이든 아니든 2013년에 딱 1번의 급락장에 얼마나 손실이 적게 나는가에 따라서, 여러분도 3천만 원으로 3천억 원을 벌 수 있는 주인공이 되느냐 시간이 지날수록 계좌가 줄어들어 퇴출되느냐가 결정이 되는 것입니다. 어찌 보면 2014년은 2,000과 1,900의 수렴으로 만기지수 10포인트 법칙을 알 수 있듯이, 양매도나 콘돌 전략에 들어가면 큰 위험(여기서는 거의 전 만기 대비 20포인트 하락하는 급락장을 말함)없이 수익이 나는 해가 된 것입니다.

바닥선도 1,900에서부터 1,950으로 올라가면서 점점 2,000 근방에서 수렴하는 가장 이상적인 수렴권장이 되었으니 하루라도 빨리 이 책의 내용을 자기 것으로 만들어서 남은 2014년과 앞으로도 계속해서 알찬 수익을 내시길 바랍니다.

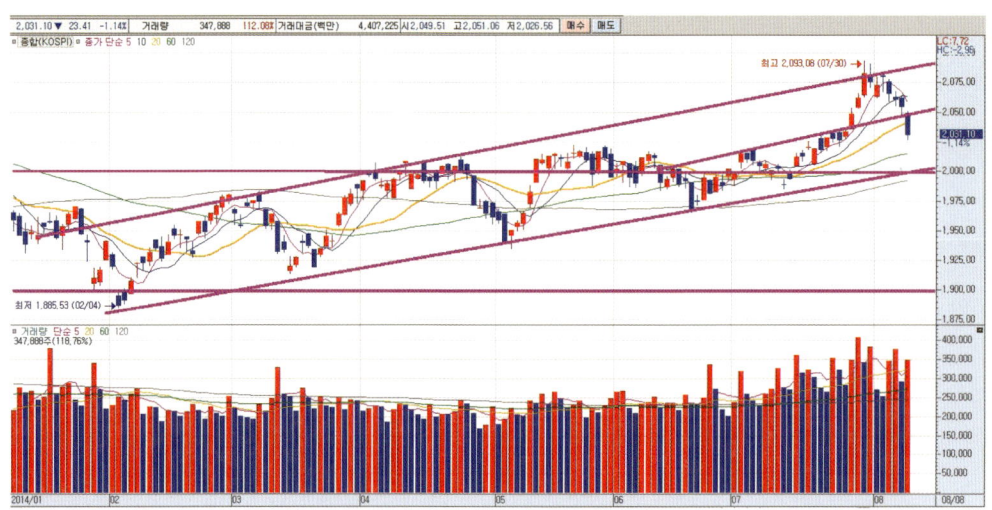

2014년 코스피 가장 안정적 시장

2014년 - 2,000~1,900수렴권유지(만기지수 10포인트 법칙 예외 없음)
점진적인 상승추세가 진행되고 있어 향후 긍정적 우상향하는 상승장 가능성 있음

5절 기관급매매의 진수 V자 반등의 묘미

앞에서 공부한 만기지수 10포인트 법칙에 근거하여 이보다 넓은 범위로 더욱 안전하게 콘돌 전략을 펴는 것이 첫 번째 과제라고 했습니다. 그 후에는 옵션 미결제증감을 체크하고 포지션을 유지하면서 적정하게 헤지를 해나가면 1년에 10~11번은 그 범위 내에서 수익을 낼 수 있다고 하였습니다.

즉 월물초에 10포인트 이상 외가옵션을 매도 치고 가만히 놔두기만 해도 월 5~10% 정도는 수익이 난다는 결론이 나옵니다. 그러나 시장이 1달 내내 적은 폭의 등락만 하고 있으면 심리적으로도 편하게 홀딩하고 있을 수 있겠지만, 결코 그렇지 않습니다.

다행히 작년과 재작년 큰 폭의 하락과 그 후에 여지없이 올라가는 V자 반등이 나왔지만 올해까지는 아직 1900을 크게 하회하는 장이 나타나지는 않았습니다.

아래는 위의 3년치의 주봉의 종합지수차트입니다. 2011년이 급락장이었기 때문에 대략적으로 그 전 만기지수 대비 코스피로는 33포인트가 하락을 하고, 그 이후에 1,900과 1,700의 200포인트 수렴을 3개월 한 것을 알 수 있습니다. 이때를 넘은 뒤로는 그래도 만기지수 10포인트 법칙에 따라서 위아래 10포인트 범위의 레인지를 지켰다면 쉽게 연승을 할 수 있는 상황이 이어지고 있음을 알 수 있습니다.

즉, 2,000~1,900의 수렴이 이어지므로 비록 1,900 근방까지 하락해도 어느 정도 심리적 두려움이 나타나겠지만 대외적 큰 악재가 없었기 때문에, 당연히 반등이 나온다고 보고 홀딩해도 되는 장이 이어지고 있습니다.

그러면서 2014년도에는 2월의 장에 딱 한 번 1,880까지 내려가긴 했지만 만기는 대략적으로 1,950 정도에서 형성되었기에 큰 하락이 있었던 것도 아니었습니다. 많은 네이키드 매매자들이 1,900이 붕괴됐을 때 변동성에 속아서 시장을 상당히 좋지 않게 보았습니다. 하지만 어찌 보면 그 때만 꿋꿋하게 넘어가면 다음 달부터 3개월에서 6개월 동안 이보다 저점이 형성되지 않았으므로, 풋매도가 더 안전한 수익이 난다는 당 연구소의 연구결과가 2014년도도 이어지고 있다는 것을 알 수 있습니다.

그런데 사실상 V자 반등 앞에는, 묘하게도 N자형 급락이 온 이후에 상승의 희망이 사라질 것 같은 분위기에서 전 만기 대비 10포인트를 넘는 급등장이 연출되었습니다. 그도 그럴 것이 한국은 2,000포인트에서 외부 악재에 의하여 수직으로 하락하면 어느새 또다시 2,000포인트를 도달하는 현상이, 마치 습관적으로 익숙하게 연출된 것입니다.

잘 보면, 이 때문에 그동안 1,800을 하회할 때의 손실보다도 그 이후에 2,000을 가는 급반등에 콜매도로 사망하는 장이 더 많았음을 알 수 있습니다. 이것은 꾸준히 반복되기에 역사적으로 경험에 기초한 이론을 통해서 나름대로 터득

제3장 | 기관급매매 따라잡기 비법 공개

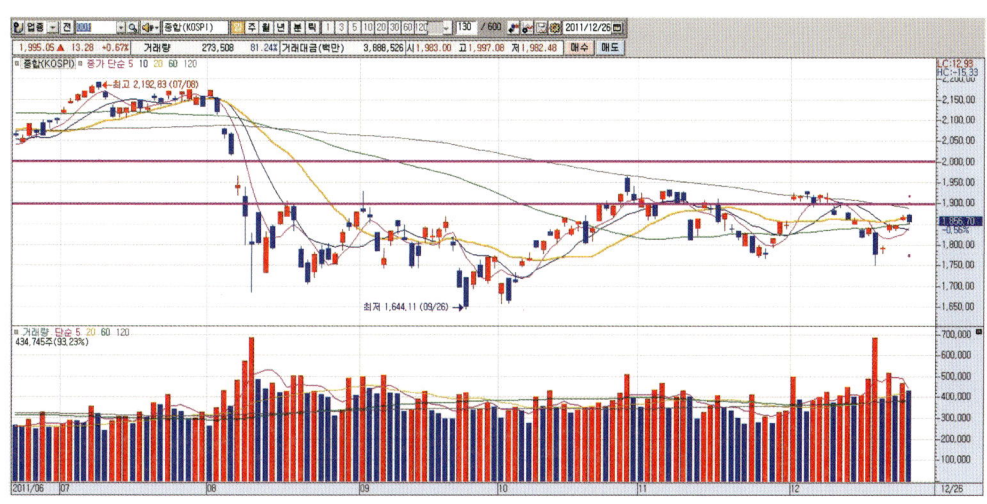

3년 동안 코스피 일봉 N자 급락 이후 V자 반등 반복

해야 합니다. 이러한 V자 반등은 어느 정도 신호가 있기에 당 연구소에서 연구한 결과를 알려드리겠습니다.

5-1. 2012년 V자 반등과 삼성전자와의 관계

때는 2012년이었습니다. 그 무렵 실제 매매를 이데일리 방송에서 리딩을 하고 있었습니다. 2,000포인트에서 3개월 수렴을 한 이후 더 이상 오르지 못하고 5월 이후부터 하락을 할 때였습니다. 수렴과 발산 이론에 따라서, 당시는 3개월 동안 수렴을 하면서 힘을 모아놓은 상태였으며, 눈에 보이게 하락을 그것도 정확하게 5월 초부터 급락을 하기 시작했습니다.

이때 시장에서 당하는 것은 풋매도자일 것이고 과연 10포인트 법칙에 의하여 안정적으로 1,900까지만 하락하고 멈추느냐 추가하락을 하느냐를 결정할 때였습니다. 당 클럽과 리딩을 따라하는 회원들은 1,900까지 곡사포 전략으로 당연히 수익을 내고 있었습니다. 그런데 여기서는 풋매도자들을 죽이는 장이기에 1800까지 하락에 대비했습니다.

그리고 그 이후에 멋진 힘을 발휘했습니다. 다시 한 번 1,900~1,800의 수렴권 장이 3개월 이어졌고 마지막 3개월째에는 1,800도 하회하면서 1770까지 하락했습니다. 당시 하락장 패턴이 3개월째 이어지자 방향성매매자이든 합성매매자이든 V자 반등에는 별로 큰 신경을 쓰지 않았습니다.

그러나 수렴과 발산 이론의 주요 내용인 3개월 수렴 후 발산 현상은, 2,000포인트에서 과대 낙폭을 한 1800부근에서는 대부분 나타나고 있습니다. 그렇다면 이 글을 보고 계시는 독자 여러분께서는 가장 확실한 비밀 하나를 터득하게 되는 것입니다.

2,000포인트에서 1,900까지 하회하는 하락 이후의 반등은 매우 규칙적인 것이며 통상 만기지수 10포인트 법칙에 의해서도 충분히 커버가 됩니다. 즉 대외적으로 큰 악재에 의한 하락이 아니면 바로 2,000까지의 반등과 다시 1,900포인트까지 하락이 반복된다는 것입니다.

그리고 3개월 수렴을 하면서 힘을 모으면 그 힘의 강도가 강해져서, 그것이 발산을 할 경우 200포인트 가까이도 가능한 것입니다. 그래서 재작년 2,000에서 1,800까지 하락을 대충 짐작할 수 있었으며, 그 이후 8월에 1,770까지 하회했을 때에는 이데일리 방송과 투자전략에서 V자 반등을 정확하게 말씀드렸던 것입니다.

이상의 내용을 이해하시고 다시 한 번 차트를 보시면, 너무나 쉬운 장이었음을 알 수 있을 것입니다. 위 상황을 좀 더 자세하게 살펴보면, 2,000포인트 근방에서 1달 만에 하락을 하면 1,900까지 하락이나 이는 규칙적으로 반복을 하는 패턴임을 알 수 있습니다. 이와 반대로 3개월 수렴을 하고나서 하락하면 2,00포인트 하락을 한 1,800 근방까지 하락이 가능하다는 것과, 다시 한 번 여기서 3개월 수렴을 하면 2,000 근방까지 가는 V자 반등이 나옵니다. 이 점을 기억해 두시면 앞으로도 이런 패턴에서는 매매에 많은 도움을 받을 수 있을 것입니다.

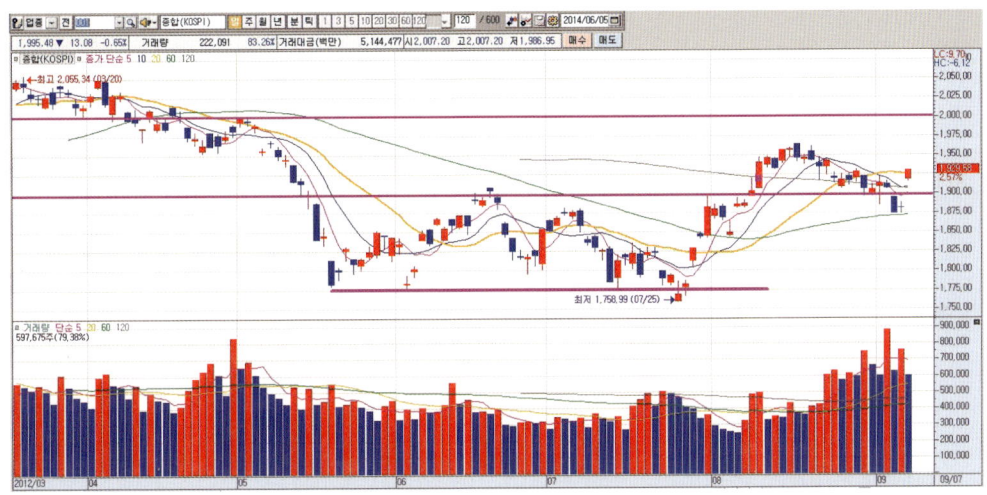

그럼 이와 같은 장에서 3개월 수렴 후 V자 반등이 나온다는 예측을 미리 했다면 그야말로 정말 기대되는 순간이 아닐 수 없었을 것입니다. 이 점이 바로 이 책을 읽고 계신 여러분에게, 시황방송이라는 게 도움이 안 될뿐더러 제대로 된 매매방식이 얼마나 중요한가를 일깨워주는 아주 중요한 포인트인 것입니다.

장이 1,800 근방에서 잘해야 1,900의 수렴권을 3개월 반복을 하면 증권방송에서는, 추세는 하락이며 추가하락을 준비하라고 난리입니다. 게다가 최근 고점이 1,900이므로 1,800에서 반등을 해도 1,900 이상은 오르기 불가능하다면서, 비관적인 부정론자들은 추가급락을 목청 높여 떠들어 댑니다.

그러나 정말로 수익이 나는 매매는, 3개월이라는 수렴권을 마무리 짓고 급등장이 나올 것이라는 준비를 하고 있는 자에게 행운처럼 찾아옵니다. 그러니까 일단 1,800 근방까지 내려올 때 손실이 없이 방어를 잘했다면 여기서부터는 V자 반등에 대비하는 매매를 해야 합니다.

때에 따라서 이럴 때에는 선물매수나 극내가 콜매수로 큰 추세를 다 먹을 수 있습니다. 그런데 합성매매자이기 때문에 이보다는 월 10%에 만족하는 안정적 매매를 추천합니다. 즉 이때부터는 가장 안전한 매매의 방법으로, 종합지수로 1,800보다 아래에 있는 풋옵션만 매도를 짧게는 3개월 길게는 6개월을 진입하고 놔둔다면 연말까지 안전한 수익이 날 것입니다. 이럴 경우가 기관급매매 즉 월 2% 수익에 만족하는 매매를 해서 정말 편한 3개월이 될 수 있으며, 풋매도를 3개월치 미리 매도를 진입해 놓는 것입니다.

이때에 더 이상 빠지지 않는다면 알아서 3개월 앞 풋매도는 전부 수익이 난 상태에서 끌고 갈 것입니다. 즉 5월물 2%, 6월물 2%, 7월물 2% 등을 1,800 근방에서 코스피 10포인트 법칙에 따라서 더 아래 풋매도를 진입해 놓으면 아주 편하게 3개월을 2% 수익을 담아두고 매매를 할 수 있습니다.
만약에 8월 이후 지수가 2,000 근방으로 뛰면 더 이상 이와 같은 먼외가 풋옵션은 매도를 칠 가격이 형성되지 않습니다. 따라서 다시 정상적인 만기지수 10

● 제3장 │ 기관급매매 따라잡기 비법 공개

포인트 법칙에 의한 콘돌 전략을 구사하면 됩니다. 이렇게 되면 여기서는 조정이 와도 1,900 정도이므로 콘돌 전략 진입만 잘해서 약간의 이동만 하면 아무 문제없이 매매수익을 거둘 수 있습니다.

즉, 가장 큰 문제는 과연 1,900까지 하락과 2차 하락이 나오는 1,800까지의 하락을 구별할 수 있어야, V자 반등도 1900에서 코스피 10포인트 정도 반등인지 아니면 1,800에서 20포인트 V자 반등인지를 알 수 있습니다.

하지만 1,800까지 하락하는 장은 1,900에서 생각할 여유를 주지 않고 실제 3일 정도 만에 100포인트를 추가로 하락시키는 습성이 있습니다. 따라서 충분히 미리 헤지하지 않으면 반등 전에 증거금 부족으로 포지션을 정리해야 하는 상황도 발생할 수 있습니다.

결국 대략적으로 100포인트 하락은 콘돌의 범위로도 커버는 되기 때문에 2012년도에 딱 한 번의 1,800을 깨는 N자형 급락만 대처를 제대로 했으면 그 뒤 연말까지 풋매도만으로도 안전한 수익을 챙길 수 있었을 것입니다. 그렇다면 이 같은 급락과 연결되는 거래소 시가 총액 1위 기업의 특징으로 보면 V자 반등의 시기를 정확하게 알 수 있습니다. 뒤에 배울 수렴과 발산 이론의 원리인 3개월 수렴이 바로 삼성전자에 그대로 적용되기 때문에, 3개월 후에 지수의 V자 반등을 알 수 있었던 것입니다.

즉, 지수가 하락하는 것도 삼성전자의 외인의 의도적인 하락으로 시작되므로 통상 삼성전자의 하락을 눈여겨보면 지수가 어디까지 하락할지 또는 반등할지를 알 수 있습니다.

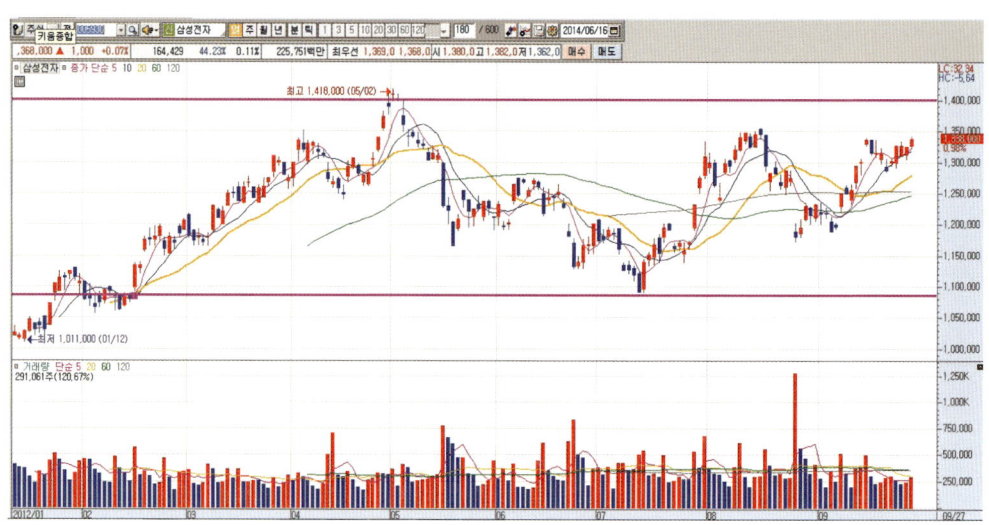

삼성전자 – 5월 급락 이후 8월 급등

5월 급락 전 당시 140만 원이었던 삼성전자가 5월 급락과 더불어 120만 원대로 급락하면서 지수는 수직으로 빠짐을 알 수 있습니다. 그 이후 120만 원대 하락수렴을 3개월을 하면서 지수 바닥에 삼성전자의 주가가 110만 원을 찍었습니다. 그리고 이 기간이 3개월 걸리면서 삼성전자가 수렴을 마무리하고, 110만 원대에서 130만 원까지의 반등이 오히려 지수상승을 부채질하면서 2,000포인트까지 올린 것입니다.

결국 하락 시에 120만 원까지 내려간 삼성전자의 가격을 보면 추가하락을 해도 110만 원 정도라고 보면 지수의 추가하락에 겁먹을 필요는 없다는 결론이 나옵니다. 오히려 120만 원이든 110만 원이든 3개월 수렴 후에 다시 V자 반등에서 주도주가 될 삼성전자의 반등이 시작되는 순간에, 전 만기 대비 20포인트 급등을 대략적으로 눈치 채고 대응을 해야 하는 것입니다.

이 내용은 매우 중요한 것으로서, 보조지표나 신호로는 감지할 수 없는 것이며 역사적 경험론적 감각으로 접근을 해야 합니다. 왜냐하면 이와 매우 흡사한 V자 반등은 매년 반복되기 때문에 이 패턴을 익혔으면 작년에 나타난 이와 비슷한 패턴에서 유연하게 대처했을 것입니다.

종합지수와 삼성전자는 5월 급락 이후 8월 급등 같은 패턴으로 하락 후 V자 반등을 함

5-2. 2013년 V자 반등과 삼성전자의 사례연구의 관계

이 글을 쓰고 있는 시점은 2014년도 중순입니다. 저는 역술가는 아닙니다만, 단언컨대 이번 2014년에는 2012년의 5월이나 2013년의 6월에 나타난 하락은 나오지 않을 것이라고 생각합니다. 왜냐하면 2012년에 나타났던 5월 2,000포인트에서 1,800까지의 하락과 비슷한 현상이 2013년 6월에도 나타났지만, 그 성격은 근본적으로 다릅니다.

2012년에는 3개월 수렴을 2,000포인트에서 하고 제대로 발산을 해서 200포인트가 하락한 것이었지만 2013년도에는 2,000포인트에서 수렴 없이 급하게 외국인들의 의도된 계획으로 하락한 것이기 때문입니다. 즉 뱅가드펀드의 포트 변경에 의한 주식 13조 원어치 매도에 의하여 이미 공시를 한 대로 진행되었던 것입니다. 6조 원 정도를 팔았을 때가 이미 1,900포인트였기에 나머지 물량을 모두 팔았다면 삼성전자 등과 같은 대형주는 더 하락했을 것이고 지수는 이에 맞게 추가 하락이 나타날 수밖에 없었기 때문입니다.

어쨌든 우리는 이미 재작년에 이와 비슷한 경험을 했기에 역사적으로 경험에 기초한 이론을 통해서, 1년에 1번 오는 200포인트 하락에 대하여 이미 마음의 준비를 하고 있었던 분이라면 충분히 어려운 시기를 헤쳐 나갔을 것이라고 생각합니다. 또한 하락 시에 이와 유사한, 1,900 근방에서 재작년과 비슷하게 3일의 추가 하락으로 1,800을 하회하는 급락장이 나왔습니다.

그러나 중요한 것은 이것이 아니라, 그 이후에 위의 패턴과 유사하게 3개월 후에 또다시 기가 막힌 V자 반등이 나왔다는 점입니다. 즉 하락 시에 헤지를 제대로 하여 손실 없이 끌고 왔다면 짧게는 3개월 길게는 6개월 이상을 풋매도만으로 안전한 수익을 낼 수 있다는 것뿐만 아니라, 200포인트 하락 뒤 3개월 뒤는 어김없이 V자 반등 구간이 온다는 것을 미리 알 수 있다는 결론이 나옵니다.

따라서 만약의 경우에 하락 시에 대처를 제대로 하지 못해서 손실을 보았다면 침착하게 3개월 뒤 V자 반등에 매수로 대응을 하면 손실분을 바로 복구할 가능성도 있습니다. 왜냐하면 이런 형식은 계속해서 반복되기 때문입니다. 이러한 급락이 있고 3개월 수렴 후 수직으로 올라가는 V자 반등장은 2012년의 경험을 통해서도 충분히 익히셨기에 대충감은 잡으셨을 것입니다.

2013년에는 구간적으로 6월 중순부터 9월 중순까지 정확하게 3개월 수렴 이후에 V자 반등이 나타났습니다. 그러나 2012년과 다른 점은, 떨어지기 전 3개월 2,000 근방에서 수렴을 하지 않고 올라오자마자 해외 돌발악재로 바로 급락했다는 점입니다.

즉, 서브프라임 모기지 사태나 IMF 그리고 2011년 미국 신용등급 강등에 따른 대급락장 등은 모두 해외 글로벌 악재임과 동시에 전 세계에 부정적인 영향을 미쳤다는 점입니다. 이런 글로벌 악재가 터지는 장은 정상적인 시장과 연결되면 안 됩니다. 게다가 그 회복 상태도 정상적인 하락 이후의 회복하는 모습과 다르게 나타납니다.

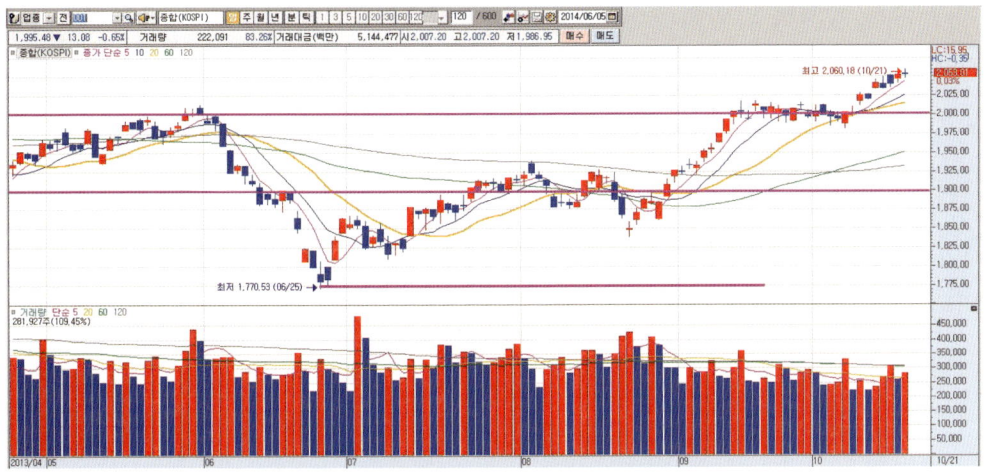

2013년도 6월 급락 후 3개월 수렴 후 9월 급등하는 모습

위 차트를 보면 2012년도와 비슷하다고 오인할 수 있습니다. 그러나 2013년 급락하기 전에는 2000 근처에서 3개월의 수렴이 없었다는 것이 놓치기 쉬운, 그 전과는 다른 점입니다.

따라서 잘 살펴보시면 사실상 뱅가드펀드 환매가 시작된 6월 1,770을 찍고 나서 우상향하는 모습으로 3개월을 수렴했다는 것을 알 수 있습니다. 또한 옵션 만기인 둘째 주 목요일은 대략적으로 1,900 근방에서 형성됨을 알 수 있기에 사실상 2012년 3개월 바닥 수렴 때와는 그 모습이 상당히 다릅니다.

즉 이때에는 글로벌 악재라기보다는 계획된 하락입니다. 그러므로 하락한 6월 한 달만 손실 없이 헤쳐 나갔다면 생각하기에 따라서는, 서서히 반등하면서 1,900을 바닥권으로 올라가는 장이기에 2012년보다는 어려운 상황을 타개해나가기가 더 쉬웠을 것입니다. 그러나 합성 1~2년차에게 가장 위험한 3개월 수렴 후에 V자 반등이 어김없이 나타나서 9월 급등장에 또다시 대처를 느슨하게 하는 많은 합성맨들에게 손실을 입힌 적이 있습니다.

항상 삼성전자의 차트를 동시에 보는 습관을 가지셨다면, 이런 때에는 6월 지수가 2,000에서 1,900까지 빠진 후 그대로 멈출 것인가 아니면 추가로 더 빠질 것인가를 아는 데에 많은 도움을 받을 수 있습니다. 그리고 3개월 삼성전자의 바닥권 움직임을 보시면 V자 반등이 삼성전자와 종합지수가 같이 나오는 것을 금방 알 수 있습니다. 아래는 2013년 지수의 움직임과 같은 시기의 삼성전자의 움직임입니다.

이렇기 때문에 따른 종목은 몰라도, 코스닥이나 거래소 개별종목보다는 한국을 대표하는 삼성전자가 120만 원대로 내려왔을 때 최소 3개월에서 최대 6개월까지의 기간을 두고서 분할해서 매수하면 150만 원대까지 수익을 볼 수 있다는 이론을 국내 최초로 제가 만든 것입니다. 작년에도 6월에 120만 원대로 내려오면서 종합지수가 1,770까지 밀렸고 정확하게 삼성전자도 바닥권에서 3개월 수렴했습니다.

그 이후 150만 원대로 올라가는 발산을 하면서 종합지수도 끌어올린 적이 있었습니다. 그러므로 무난히 150만 원까지 올라가면서 지수도 탄력을 받는다고 보시고 매수마인드를 가지시라는 것입니다. 중요한 팁을 하나 말씀드리면, 삼성전

제3장 | 기관급매매 따라잡기 비법 공개

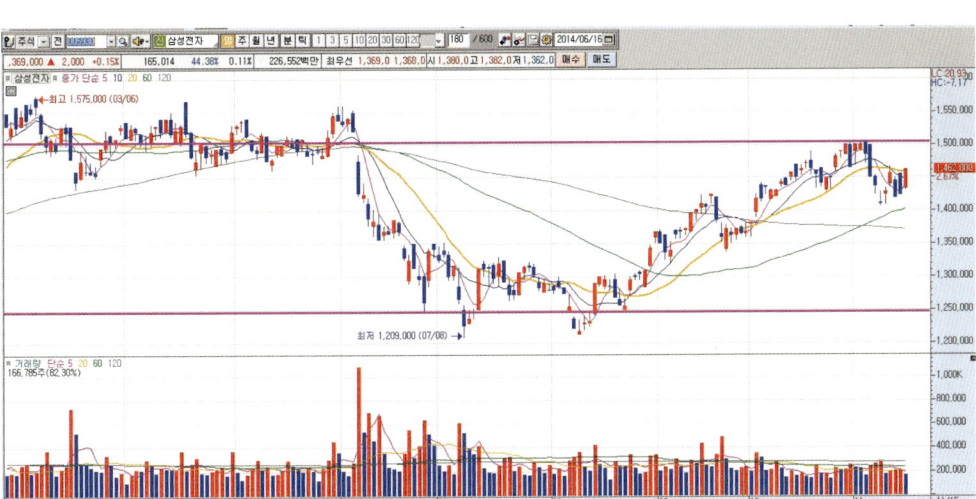

2013년도 : 삼성전자 6월 급락 이후 3개월 수렴 후 9월 V자 반등하는 모습

자는 150만 원대와 바닥권 120만 원이나 110만 원을 반복적으로 움직이므로 대략적으로 삼성전자의 가격을 보고 지수상승 바닥을 예측할 수 있다는 것입니다.

> **요약**
>
> 2013년에도 종합지수와 삼성전자는 같은 등락을 했음
> 6월 급락 후 3개월 수렴 후 9월 급등

# 보조지표는 필요 없다. 수렴과 발산 이론이면 끝이다

전설적인 투기꾼으로 이름을 날린 제시 리버모어는 누구나 꿈꾸던 뉴욕 월스트리트 한가운데에서 매매를 하지 않았습니다. 그는 도시 외곽으로 나가 한적한 곳에서 매매를 했습니다. 왜냐하면 매일 아침마다 쏟아져 나오는 정보의 홍수가, 본인의 시장을 보는 눈을 왜곡시킨다고 생각했기 때문입니다.

하루가 지난 시황을 장 종료 후에 앵무새처럼 노래하거나 과거 차트만을 보조지표를 내놓고 적중했다고 자랑하는 것은 앞으로의 매매에 전혀 도움이 되지 않습니다. 그런데 우리나라의 각종 증권방송이나 거기에 나오는 전문가들이 하는 말은 하나같이 지난 이야기뿐입니다. 따라서 단 1시간 앞도 내다 볼 수 것들입니다. 그러니 아예 증권방송은 보지 않는 것이 정석적인 매매를 할 수 있는 길이라고 하겠습니다.

특히 파생을 하는 전문가는 조만간 큰 폭락장이 온다고 떠들면서 하방대박을 자주 언급합니다. 그에 반해서 주식 전문가는 조만간 큰 상승장이 온다면서 요즘처럼 좋지 않은 장에서도 주식을 사모아야 한다고 주장합니다. 최근에는 이런 현상이 더욱 두드러져서 지나간 차트에 관해서는 점쟁이를 능가하는 신통력이 있다고 생각될 정도로 전문가들이 많이 있습니다.

하지만 이상한 점도 있습니다. 그렇게 잘 맞추고 미래의 장을 잘 알지만, 정작 그들 전문가들은 자신들의 매매를 하지 않은 채 회비 수입에만 급급해하고 있다는 사실입니다. 시스템매매 또한 본인이 그 신호로 대박이 나면 자기 자금만 해도 되는데 굳이 시스템 신호 장사를 하는 데 열을 올리고 있는 것입니다. 어떤 신호도 보조지표도 믿지 말라고 했던 것에 관련한 대표적인 사건이 2011년에 일어났습니다.

2011년 역사적인 사건이 벌어졌을 당시에 한국의 전설적 파생거부 선경래 씨가 하락에 의하여 큰 손실을 보았다는 말도 있었고, 일반 투자자 중에서 그래도 합성전략매매를 하는 많은 분들이 풋매도의 손실을 엄청나게 보았다는 말이 나돌았습니다. 저는 그 무렵 그런 분은 없다고 강하게 반박했습니다. 그런데 어느 증권사 여직원이 선배의 말을 듣고 산 풋옵션 2천만 원이 20억 원이 되었다는 말이 공시로 나온 적이 있었을 정도로 풋옵션이 엄청나게 폭발하였습니다.

그럴 수밖에 없었던 것이 2,230포인트에서 바닥지수인 1,750포인트까지 대략적으로 한 달 만에 500포인트가 하락했기 때문입니다. 콘돌 전략에서 곡사포 전략으로 전환하는 것을 다음 장에서 정확하게 익히면 이런 하락 현상을 충분히 손실 없이 통과했을 것입니다. 하지만 중요한 것은, 어떤 도움을 받아 이 급락장 이후의 지수 흐름을 예측할 수 있는가입니다.

아래의 차트는, 2011년 여름 8월이 오기 전부터 이상하리만치 수렴과 발산 이론이 적중하여 방송에서 변곡을 알려주었습니다. 2011년 7월 중순에 이미 이데일리 증권방송과 투자전략에서는 수차례에 걸쳐서 주식을 전부 처분하고 급락장에 대처하라고 했습니다.

그 근거는 수렴권 기간이 대체로 홀수 단위로 형성되는데, 2,200으로 5월에 올라간 이후 8월까지 돌파하지도 못하고 수렴을 해서 8월 큰 하락이 나올 수밖에 없었다는 것입니다. 그것도 잔인하게 7월 말까지는 아무도 눈치를 차리지 못할 정도 평상시대로 전개되다가 8월 1일부터 갑자기 수직으로 하강한 사실을 눈으로 확인할 있을 것입니다.

모두가 공포에 떨 그 무렵, 2,200포인트에서 1,700까지 무려 500포인트가 한 달 안에 하락하고 나서, 저는 추석특집방송에서 1,900과 1,700의 수렴권이 3개월간은 나올 것이라고 했습니다. 왜냐하면 한 달 만의 500포인트 하락은, 상승장에서 6개월 동안 올라갈 지수가 한 번에 하락해서 바로 수렴권으로 나타나는 것이기 때문입니다. 당시 1,700까지 하락한 후에 1,900까지 반등하기도 했지만 결국 1,700을 크게 하회하는 추가하락도 1,900을 바로 돌파하는 상승으로까지 나타나지 않은 채 수렴권을 유지하였습니다.

2011년 8월 급락 이후 1,900~1,700수렴권을 3개월 움직이는 모습

이는 배박사투자전략연구소에서 지수의 흐름을 지속적으로 연구하고 분석한 결과로, 수렴과 발산 이론에 따라 어느 정도 예측이 되었던 것이기에 말씀드린 겁니다. 자, 그럼 수렴과 발산 이론의 비밀을 지수의 흐름과 함께 하나하나 공개하도록 하겠습니다. 위에서 V자 반등과 삼성전자의 관계를 공부하면서 언급했듯이, 수렴권은 통상 3개월 주기로 나온다는 것이 이제는 이해가 되었을 겁니다.

2011년 장세는 상당히 변동성이 큰 장이었기에 예측이 쉽지는 않았지만 이 3개월 수렴 법칙에 따르면 어느 정도 방향성매매도 가능했습니다. 잘 보시면 2011년은 5월에 2,200 도달 후 8월까지 2,200을 넘지 못하는 3개월 수렴을 정확하게 나타냈는데, 그 뒤에 수렴 후 발산으로 급락을 한 것입니다.

그 뒤 9월, 10월, 11월의 3개월 동안 1,900에서 1,700까지 바닥권에서 충격을 흡수하는 수렴권에 머물면서 등락을 거듭하면서 충격을 흡수하는 기간을 정확하게 3개월을 가졌습니다. 수렴권은 조용한 장에서는 100포인트 내외의 수렴을 가지는데, 충격이 나온 후 변동성이 커지면 통상 200포인트까지 수렴권을 가집니다.

따라서 500포인트 충격파에 따른 1,900과 1,700의 수렴권을 가지고 난 뒤에는 1,900과 1,800의 약간의 충격을 흡수하고, 그 후에 100포인트의 안정적 수렴권을 12월, 1월, 2월, 이렇게 3개월의 기간을 정확하게 가진 것입니다. 이때도 방송에서 정확하게 2월 급등설을 주장했습니다. 당시의 상황을 영화 〈적벽대전〉에 비유하면서, 동풍이 불면 전쟁에서 대승을 하는 것처럼 파생에서도 급등풍이 불면서 콜이 대승을 할 것이라고 예측한 것입니다.

2012년 2월 급등차트 이후 지속적으로 규칙적 3개월 수렴 법칙이 적용된 모습

앞에서는 직선으로만 그어진 차트의 모습만 보았을 것입니다. 이제는 3개월 수렴은 정확하게 이해하셨을 것이니, 여기서부터는 완벽하게 구간별 박스로 그린 모습을 대하면 놀랄 정도로 규칙적인 형태가 보일 것입니다. 여기서는 이 같은 차트의 흐름을 근거로, 방송과 시황에서 틀린 적이 없는 적중시황을 내놓은 근거를 자세하게 이해할 수 있을 것입니다.

2012년부터 이 규칙은 철저하게 적용되었으며, 이데일리 방송에서 변곡시점을 알려드려 많은 시청자들에게 도움을 준 수렴과 발산 완결판 차트입니다. 차트를 보면 알 수 있듯이, 2012년 2월 이후 3개월 수렴을 2,000 근방에서 한 뒤로 정확하게 3개월 수렴 후에 기가 막히게 5월 초부터 수직으로 200포인트가 하락했습니다.

이때에도 합성맨으로서 대응하기 어려웠던 것은 2011년 8월 폭락장에서도 이와 비슷한 하락이 나왔는데도 정확하게 월초부터 급락이 나왔다는 점입니다. 이 때 하락에 대응하기가 어려웠던 이유는 월말이 되면서 프리미엄이 거의 녹아나서 풋매도가 가까운 종목으로 진입할 수밖에 없었기 때문입니다.

여기서 큰 하락이 나오면 속절없이 당할 수밖에 없기 때문에 수렴 후 발산을 준비하지 않으면 합성고수들도 손실을 보게 되고 맙니다.

그리고 또다시 3개월을 1,900과 1,700을 수렴하고 그 뒤로 수직으로 올라가기 전에도 방송에서 매수를 외쳐서, 필자는 드디어 2012년 말에는 방송에서도 실력을 인정받았습니다. 그런데 2011년에는 이데일리 방송뿐만 아니라 모든 증권방송에서 파생방송은 리스크가 너무 크므로 방송 자체를 못 하게 했습니다.

하지만 적중시황뿐만 아니라 합성전략으로 대응을 하는 매매스타일을 인정받아 그때부터 배박사의 선물꾸러미라는 국내 최초 파생 단독방송을 하게 되었습니다.

한편 2013년도는 평이한 모습을 유지했습니다. 앞에서 언급했듯이, 6월 뱅가드펀드 환매에 따른 급락 말고는 2,000~1,900의 수렴이 쭉 이어지고 있는 상황입니다.

그 결과 2011년 급락장부터 이유 있는 움직임이 나타났고, 이를 정확하게 방향성매매 대신에 합성전략으로 월 10%를 목표로 했기에 안정적 수익을 낼 수 있었던 것입니다. 즉 정확한 변곡 시점이나 범위도 대략적으로 100포인트 범위의

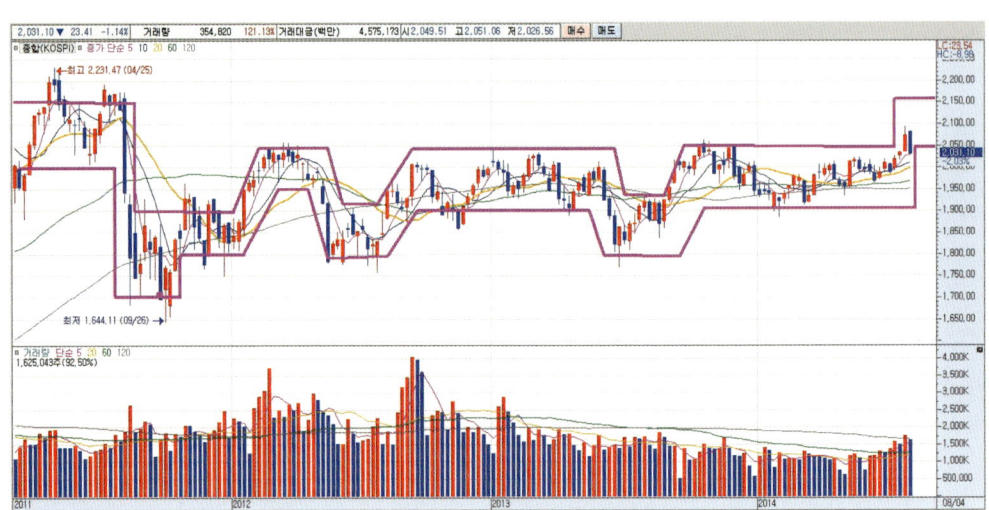

2011년 방송을 시작한 이후 지금까지 주봉의 수렴과 발산 이론 차트

움직임을 알 수 있기에 이 수렴과 발산 이론에서의 주봉은 특히 합성전략에는 도움이 많이 되는 것이 사실입니다.

하지만 촌각을 다투는 단타매매나 데이트레이딩에게는 큰 도움이 되지 못할 것입니다. 이 다음에 배울 배박사 특유의 콘돌 전략과 여기서 개발한 여러 파생전략들을 익힌다면 누구든 여의도에 내로라하는 자산운용사에 들어갈 수준은 충분히 갖출 것이라고 확신합니다.

수렴과 발산 이론의 일봉에서 보지 못했던 주봉의 큰 흐름을 보았으니, 중요한 점을 하나 더 알려드리겠습니다.

통상 수렴권은 일봉으로 보았을 때 1개월 또는 3개월처럼 홀수 단위로 크게 발산을 한다는 것을 이제는 알았을 것입니다. 위의 차트에서 주봉으로서 3년치를 보면 뭔가 느껴지는 것이 있을 것입니다.

우선, 3년의 큰 흐름을 보아야 합니다. 2011년 8월 대급락장 이후에 공교롭게도 1년마다 움직임이 나타났습니다. 2012년 8월 급등, 2013년 8월 급등, 그리고 그 결정체는 2014년도입니다. 예측대로였다면, 2014년 8월에는 2011년과 2012년에 넘지 못했던 고점 2,050을 넘고 일단은 2,100에 안착했을 것입니다.

이것은 2011년 8월 급락 이후 정확하게 3년이 흘렸기 때문입니다. 또한 이에 맞추어 일본의 아베노믹스에 맞먹는 우리나라의 최경환노믹스라는 거시경제정책을 실시하는 것과 그 시기가 같았습니다. 41조 원이라는 돈이 풀리고, 가장 중요한 것은 금리인하를 8월부터 드디어 감행했을 것이기에 정확하게 방송에서도 주봉으로 8월 발산을 알려드렸던 것입니다.

이러한 흐름이 맞아떨어진다면 앞으로 월봉의 흐름도 기가 막히게 예측이 가능하게 됩니다. 이제 월봉의 수렴과 발산 이론을 공부하도록 하겠습니다. 월봉에 따라 크게 본다면 가장 중요한 수렴과 발산 원리는 600포인트를 1년 정도 발산한 뒤로 1년은 쉰다는 것입니다.

이렇게 되면 1년 동안 상승랠리에 젖어서 매수마인드만 가지다가 무려 1년이라는 구간 동안에, 또다시 수렴권에 접어들 때 벌었던 것을 다 날리게 됩니다. 이것은 선물신호매매가 상승추세장에서 수익을 내다가 다시 수렴권으로 접어들었을 때 박살이 나는 원리와 같습니다.

하나하나 보면 이 원리가 척척 맞아떨어지는 것을 알 수 있습니다.

2005년~2006년 : 800포인트에서 1,400포인트까지 정확하게 600포인트 상승

2006년~2007년 : 1,400포인트에서 1,300포인트까지 정확하게 1년 수렴 조정

2007년~2008년 : 1,400포인트에서 2,000포인트까지 정확하게 600포인트 상승

서브프라임 모기지 사태 : 10년 주기설에 따라 2,000에서 1,000포인트까지 하락

2008년 말~2009년 초 : 1000포인트에서 1200포인트까지 200포인트 6개월 수렴

2009년 초 ~2009년 말 : 1000포인트에서 1600포인트까지 600포인트 상승

2009년 말~2010년 중순 : 1600포인트에서 1000포인트 내외 1년 수렴 조정

2010년 중순~2011년 중순 : 1600포인트에서 2200포인트까지 600포인트 상승

그리고 지금의 수렴권 : 2011년 8월부터 2014년 8월까지 2000~1900 사이에 정확하게 3년 수렴

여기서 접하기 어려운 내용 몇 가지를 알려드리겠습니다. 앞으로도 이 규칙은 역사적으로 경험에 기초한 이론에 입각하여 분명히 또다시 반복될 예정이기 때문에, 매매에 엄청난 도움을 받을 수 있을 것으로 확신합니다.

첫째, 2005년부터 2006년까지 800포인트에서 1400포인트까지 상승장에서 역사적으로 유명한 사건 2가지를 떠올릴 수 있습니다.

하나는 1,000포인트와 500포인트를 반복하는 한국의 증권 역사상 절대 돌파

● **제3장** | 기관급매매 따라잡기 비법 공개

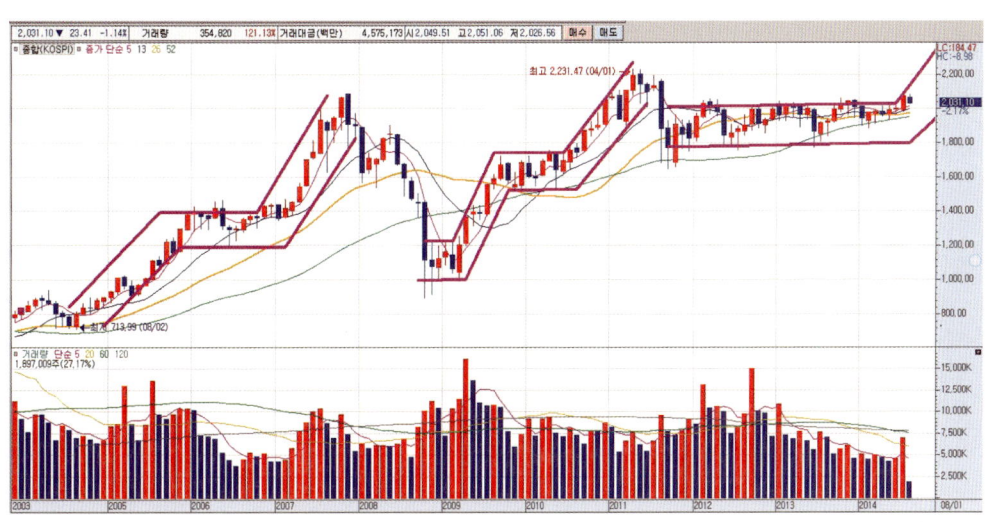

월봉으로 본 10년 동안 수렴과 발산 이론 차트

는 있을 수 없다는 이론과, 배박사의 수렴과 발산 원리에 의하여 돌파할 수 있다는 논리가 맞붙게 된 것입니다. 그 결과는 1,000포인트를 넘어 장이 유유하게 오른 것으로 나타났습니다. 이때가 바로 그 유명한 선경래 씨가 10억 원으로 1,000억 원을 벌어들인 매수마인드로 수익을 낸 구간입니다.

더욱이, 한 번도 가보지 않은 지수대인 1,400까지 오르자 상승마인드에 젖어 콜매수 선물매수를 지르기가 쉬웠지만, 놀랄 정도로 절제를 하고 2006년부터는 월 2%의 양매도 전략으로 전환했던 것입니다.

이를 매매에 적용시켰다는 것이 놀라울 따름입니다. 여러분이 실제 매매를 한다고 가정을 하면 어느 정도 지수상승에서 최소한 조심해야겠다는 답이 나올 것입니다. 공교롭게도 역사적 대사건이 일어난 상황이 1년 600포인트 발산 후에 일어난 것이 우연인지, 아니면 지수 움직임상 당연히 그랬을 것인지는 알 수 없습니다. 하지만 이 규칙을 알고 있으면 서브프라임 모기지 사태나 2011년 8월 급락장을 일봉에서뿐만 아니라 월봉에서도 파악했을 수 있습니다.

즉, 그다음 발산구간인 2007년 1년 동안 1,400포인트에서 2,000포인트까지 600포인트 목표를 도달했기 때문에 최소한 발산구간은 끝난 것입니다. 따라서 상승마인드는 접어야 했습니다. 안타깝게 이때 많은 자문사나 개인투자가들도 변곡점에서 큰 손실을 보았다고 합니다.

여기서 한 가지 기억할 것이 있습니다. 경제학이나 통계학적으로도 알 수 없는 비체계적 위험의 결과는 사실상 경제학적 관점에서 찾아야 한다는 것입니다.

예를 들어 2007년 말에 찾아온 서브프라임 모기지 사태나 1989년 IMF 같은 위험은 아예 세계경제 자체를 뒤흔드는 것이기 때문에 어떤 것과도 연결을 시키면 안 되며 헤지와 자금관리로 넘어가야 한다는 점입니다.

하지만 결국 큰 흐름은 월봉의 법칙으로 본다면 크게 이탈하지는 않으며, 단지 그 파동이 생각보다 크게 발생하고, 그 구간의 시작은 규칙과 거의 비슷하다는 점입니다. 그래서 이데일리 증권방송을 할 때, 서브프라임 모기지 사태 이후 2011년에 시작한 가장 큰 변곡점도 잡아드린 것입니다.

2010년 중순부터 2011년 중순까지 당연히 월봉으로는 1,600포인트에서 2,200포인트까지 600포인트를 상승했기에 더 오를 자리는 없다고 보았습니다. 그리고 일봉상 3개월을 2,200을 넘지 못하고 수렴하였기에 국내 최초로 그 부근에서 상투임을 이론적으로 말씀드렸던 것입니다.

또 하나 600포인트 상승 원리를 이해한 상태에서 2011년 8월 고점 대비 500포인트지만 최고점과 최저점은 거의 600포인트를 하락하였습니다. 또한 통상 수렴권은 100포인트지만 변동성이 큰 충격파 다음에는 200포인트 수렴을 합니다. 그 예로 서브프라임 모기지 사태 이후 2008년 중순 이후 2009년 중순까지 1,200과 1,000포인트로 정신없는 수렴을 했다는 것은 이미 앞에서 살펴본 대로입니다.

이를 근거로 2011년 8월 이후 이데일리 증권방송에서 수차례 알려드리기를 1,700과 1,900의 수렴권이 3개월 나올 것이라고 했습니다. 이로써 이글을 보고 계신 독자 여러분은 앞으로 지수를 수렴과 발산의 원리로 이해를 해서 냉정하게 경기 흐름을 예측할 힘을 키울 수 있을 것입니다.

자, 이제 마지막으로 10년 주기설을 경제학적 근거로 알려드리겠습니다. 제가 제시한 원리에 보시면 주글라(Jugla's) 파동은 10년 주기의 대표적 파동입니다. 주가는 현재의 경제 상태를 알려주는 것이며 10년이 지나면 주가도 오르게 되어 있습니다.

이를 근거로 최소 10년 앞은 내다보고 배박사투자전략연구소에서 연구한 10년 주기설을 말씀드리겠습니다. 1995년부터 정확하게 2005년까지 10년 동안 한국의 증시는 1,000~500포인트의 수렴권의 힘을 모았습니다.

그 기간에는 1998년 IMF라는 큰 경제위기도 있었습니다. 하지만 그 위기를 지나서 다시 1,000포인트까지 올라가는 기염을 토해내기도 했습니다. 이때 277에서 500을 회복하자 세계적인 헤지펀드 타이거펀드는 지수가 다시 200까지 빠진다고 주장했습니다. 이에 선물매도 풋매수의 하방포지션을 구축했다가 파산한 유명한 사례가 나타나기도 했습니다. 이렇게 심각한 경제위기가 있어도 시간이 지나면 결국 큰 파동은, 잠시 이탈이 있어도 크게 변하지는 않는 법입니다.

그리고 마지막 2004년 파동은 1,000포인트에서 500까지의 하락이 아니라 중심선인 750포인트까지만 하락한 뒤로 위로 가는 힘이 강한 파동으로 형성된 것입니다. 10년의 응축된 힘이 결국 500~1,000의 수렴을 깨고 1,000~2,000의 수렴권으로 도약을 한 것입니다.

조금은 경솔한 판단 같지만, 지금 시점이 2005년에서 2015년 동안 1,000~2,000의 수렴 중에 중심선인 1,500 근방도 가지 않고 힘차게 오를 기세를 하고 있는 것으로 보일 것입니다. 단언컨대, 배박사투자전략연구소에서는 마지막 10년 주기설에 따라서, 향후 2015년 이후 지수는 2,000에서 3,000을 가는 발산영역으로 돌입한다는 것을 확신합니다. 그러니 희망을 가지고 긍정적 시각으로 주식시장에 참여하라고 말하겠습니다.

즉, 큰 흐름은 1995년부터 2005년까지 500~1,000포인트 수렴하고, 이 구간에서 외부변수인 IMF가 와서 277까지 추가하락은 했지만 결국 다시 500~1,000 수렴권으로 들어갔다는 것입니다. 또한 2005년~2015년을 보면 1,000~2,000 수렴권에서는 2007년 말 서브프라임 모기지 사태가 와도 1000까지 하락 이후에 다시 1000~2,000 수렴권으로 돌입했다는 것입니다.

제3장 | 기관급매매 따라잡기 비법 공개

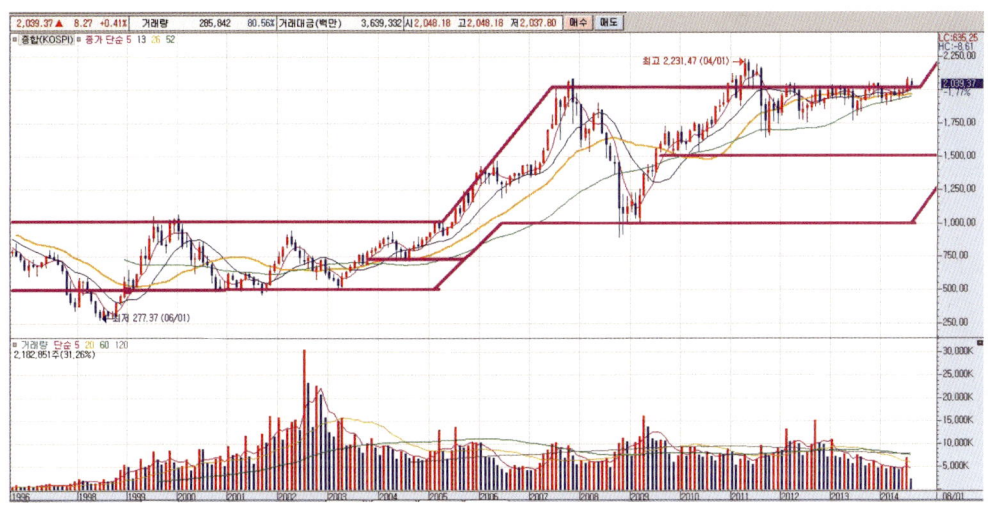

10년 주기설인 주글래(Jugla) 파동의 움직임

즉, 하락 시에 대응을 못 해 큰 손실이 났다고 하더라도, 침착하게 기다렸다가 다시 상단까지 가는 구간에 더 큰 수익이 가능하다는, 법칙의 내용에 눈을 뜨는 것이 무엇보다 중요합니다.

제3장 핵심 내용 및 전망

주가는 경제 상황을 나타내는 척도라고 볼 수 있습니다. 그런데 유난히 우리나라만 하락하는 장이 오더라도 이를 받아들이는 자세도 필요하다고 봅니다. 바꿔 말하면, 과연 2,000을 돌파하고 위로 600포인트 오르는 발산구간 돌입이 오겠느냐는 물음에 응답자의 반은 Yes를, 나머지 절반은 No라고 대답합니다.

오늘날처럼 자국의 실익을 중심으로 경제정책을 펼치는 이기적인 국제 정세에서는 주요 선진국들에게 대책 없이 당하는 나라는 신흥개발국뿐입니다. 그 결과 3년을 참았지만 다시 엔저와 달러 강세의 여파로 일본증시와 중국증시는 상승탄력을 받는 반면, 우리나라 증시는 또다시 2,000 아래로 하락한 것이 문제입니다.

하지만 안타깝게도, 끝내 미국이 다시 달러를 거두어들이고 아시아의 신흥개발국가의 현선물을 매도하면서 신흥개발국가의 주식이 하락하는 현상이 이어지고 있는 것입니다. 이런 상황에서는, 그나마 주식이 아니므로, 파생을 하는 입장에서는 부정적으로 생각하지 말고 있는 현상을 그대로 받아들면 됩니다.

결국, 내년에도 2,000~1,900 수렴권이 이어질 뿐만 아니라 앞으로 3년 동안 수렴권에서 머문다는 생각을 하면서 시장을 대해야 합니다. 그렇다면 편집 전에 보냈던 주봉의 수렴권을 다음과 같이 2,000~1,900 수렴권으로 정정하고 내년에 대비해야 합니다.

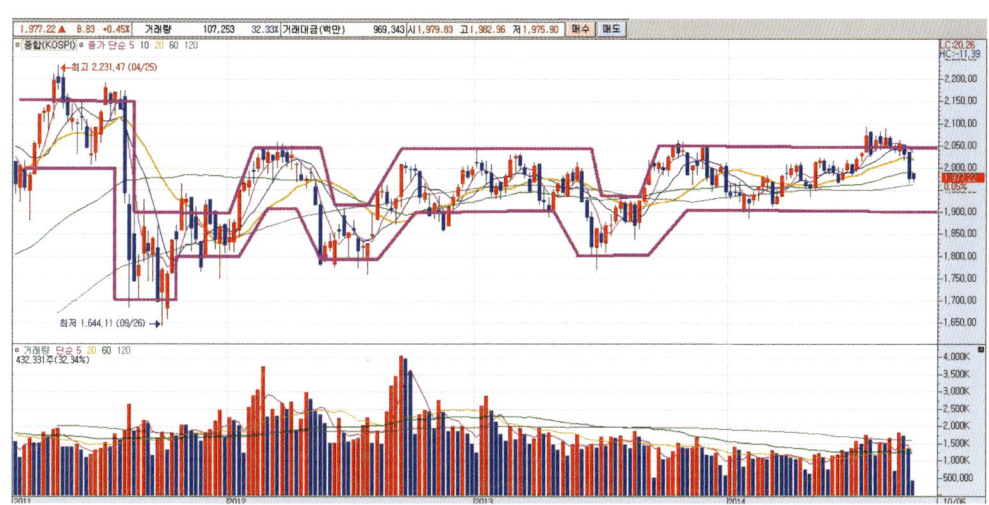

주봉의 수렴과 발산 이론 - 2,000~1,900 수렴권이 앞으로 3년 이어질 수도…

배박사의 옵션합성 전략매매

4 | 콘돌 전략으로 월 5~10% 수익을 내자

제4장
콘돌 전략으로
월 5~10% 수익을 내자

1절 해외 증시와 아시아 증시의 디커블링의 해결책

강연회장이나 대학의 강단에서 강의를 하면, 많은 분들이 정말 월 5% 정도만 수익이 나는 로직이 있다면 이쪽에 전념을 해도 되겠냐는 질문을 많이 합니다. 아마도 특히 요즘처럼 유독 한국만 경기불황이라고 느껴질 만큼, 주식시장뿐만 아니라 부동산시장 등의 실물경제가 이 정도로까지 위축된 때가 없어서 그런 것은 아닌가라고 생각합니다. 실제로 최근에는 대학을 졸업해도 마땅히 취직할 자리도 없고 자영업자의 80%는 1년도 못 가서 문을 닫는다고 합니다. 이도저도

제4장 | 콘돌 전략으로 월 5~10% 수익을 내자

못 하는 상황에서 월 2~3%의 수익을 내기만 해도 더없이 좋은 일자리라고 생각하는 것이 요즘의 현실입니다.

그 해결책을 정확하게 알려 드리기 위해 앞에서 기관급매매 이론을 공부하였습니다. 혹시 앞에서 다룬 내용을 제대로 이해하지 못한 채, 결론적으로 전략만 공부를 하려고 생각했다면 다시 앞 장으로 넘어가서 더 깊은 공부를 해야만 합니다. 특히 수렴과 발산 이론 부분의 일봉·주봉·월봉의 큰 흐름을 이해하지 못하면 요즘처럼 투기적인 장에서는 절대로 합성으로도 살아남기가 힘이 듭니다.

왜냐하면 여기서 알려드리는 기관급매매도 큰 추세를 거스르거나 헤지를 해야 할 타이밍을 놓쳐 버리면 방향성매매보다 더 큰 리스크에 빠질 수도 있기 때문입니다. 그래서 가끔씩 터지는 사고를 보면, 대형자산운용사도 수년에 1번씩 쓴잔을 마시거나 이 시장에서 퇴출되는 사례가 일어난다는 사실입니다. 달리 말해서, 지금 이 기법이 현재 시장에서도 가장 적합한 방법이기는 하지만 완벽한 기법이 아니라는 점입니다.

예를 들어 2011년 종합지수로 500포인트를 하락하는 장에서는 아주 간단하게 콜매도만 쳐놓고 놔두는 매매가 절대적 수익을 가져다주었습니다. 오히려 양매도 위주의 합성이나 여타의 델타중립의 포지션매매에서 헤지를 하지 않는 쪽이 시장에서 바로 퇴출되었습니다.

이 점을 명심하시기 바랍니다. 이번에 다룰 콘돌 전략에 따르면 1년에 11달은 진입과 동시에 수익이 난다고 보면 됩니다. 하지만 그 1년 중 나머지 1달을 다음에 나올 곡사포 전략으로 커버해야 합니다. 비근한 예로 이 글을 쓰고 있는 2014년 8월에만도 일단 2,000포인트에서 2,090까지 급등을 하면서 콜옵션이 20배 이상 터졌습니다.

이때 콘돌 전략에서 곡사포 전략으로 수정을 해서, 실제 매매에서도 적게는 10% 수익에 청산하고 많게는 30~40% 이상의 수익을 내고 청산하였습니다. 여기에 욕심을 내어서 무리하게 끌고 갔다가는, 다시 2,030까지 하락하는 장에 풋옵션이 최대 80배 이상 터졌기 때문에 합성이 더 어려운 장이 되었을 것입니다.

지금의 큰 흐름은 2011년 8월 이후 3년 수렴기간을 거쳤기 때문에 2,000 이상의 발산하는 구간에 돌입했다고 보아도 됩니다. 이런 마인드를 가지고 앞으로 나올 기본전략인 콘돌 전략에 헤지하는 방법을 익히시면 월 10%의 수익도 꿈은 아닐 것입니다.

종합지수차트 – 바닥권이 점차 상승하고 있는 수렴권

그럼 8월에 콘돌 전략에서 상방곡사포 전략으로 바꾼 근거를 보겠습니다. 최근 종합지수차트를 보면 하단선이 점점 우상향하는 것을 눈으로 확인할 수 있습니다. 그리고 3년 수렴을 거친 시점이 2011년 8월이었고 그 뒤 2012년과 2013년 8월에 급등장이 나온 것만 봐도 8월은 변곡시점인 때가 많았습니다.

지금 같은 추세는 2,000과 1,900 기본선에서 위로 상승세를 이어가는 모습으로 보일 것입니다. 이 선으로 본다면 1,880을 바닥으로 해서 하단이 점점 올라갑니다. 그런데 결국 지금의 바닥은 2,000포인트입니다. 상단은 자연스럽게 2,080이 고점이기에 당시 2,090은 찍었지만 종가 2,080으로 마치고 상단을 바로 넘지 않고 수렴권으로 들어간 것입니다.

결국 이런 흐름이 이어지는 추세를 정확하게 이해하는 것이 무엇보다 중요합니다. 그렇다면 단기적으로 밀린다면 바닥은 2,000 초반에 머물며, 1,900선대까지 하락은 글로벌 악재가 아니면 불가능하다는 것입니다. 여기에 때맞춰 새로운 통화정책에 버금가는, 수년 동안 하지 않았던 최경환노믹스라고까지 부르는 거시경제정책이 시장에서 먹힌다면 2015년 한 해는 한국증시의 재도약이 가능한 시점입니다.

그렇다면 넓은 의미에서 내년 장에서는 크게 2가지 전략이 나옵니다.
하나는, 앞에서 배운 대로 600포인트를 1년 동안 줄기차게 오르는 전형적인 강세장이 나오면서 또다시 내년에 1천억 원 이상을 버는 영웅이 탄생할지도 모른다는 것입니다. 이럴 때는 추세매매가 수익 측면에서는 가장 좋습니다.

다른 하나는, 오르긴 오르는데 3개월간 2,100~2,200포인트 박스권을 지켜울 정도로 횡보한 후에 단계적으로 오르는 장이 나타날 가능이 있다는 것입니다. 지금도 2,090까지 찍은 후 바로 2,030까지 장대로 미는 듯한 모습을 보아서 알 수 있듯이, 상승을 한다고 해도 시원한 상승랠리는 아닐 가능성이 있습니다. 즉 기나긴 수렴을 거친 후에 발산을 한 단계씩 하면서 전 만기 대비 커다란 상승이 나오지 않으면서 결국 양매도장이 될 수 있다는 것입니다.

이렇게 되면 큰 상승도 나오지 못하고 큰 하락도 나오지 않으면서, 옵션의 변동성은 점점 낮아져서 옵션가격 자체가 상당히 적어진 상태의 장이 나타날 수 있습니다. 하지만 변동성이 적어지는 만큼 지수의 움직임도 상단과 하단 자체가 축소되고 있기 때문에 이에 맞는 전략은 사실상 콘돌 전략밖에 없다고 할 것입니다.

그리고 예전에 비해서 변동성이 축소되다가도 2011년처럼, 언제 어떻게 어마어마한 변동성확대의 장이 나올지 예측이 안 되기 때문에 양매도의 손실무한대를 커버하는 전략은 콘돌이며, 이것으로써 만약의 경우까지 커버가 될 수 있습니다. 이 콘돌 전략이야말로 합성전략의 최고 절정판이라고 할 수 있습니다. 이 책에서는 매매 방법과 관련해서 위와 같은 만약의 경우에라도 수익이 나는 전략까지 최신의 장에 맞도록 업그레이드를 했습니다.

어쨌든 지금과 같이 미국과 유럽의 주요 선진국들은 신고가를 넘는 상황에서 아시아 국가 중에 중국과 한국처럼 수년을 수렴하고는 국가의 디커플링이 이어지고 있는 상황에서는, 절대적으로 1년의 대부분을 박스권으로 이어질 수밖에 없기에 최근 콘돌 전략의 연구에 더욱 박차를 가하여 안정적 수익이 나는 전략으로 승화시켰다고 볼 수 있습니다.

제4장 | 콘돌 전략으로 월 5~10% 수익을 내자

요약

해외지수와 디커블링은 이미 3년 전부터 시작되었음.
변동성이 죽으면서 횡보하는 장이 계속될 전망임.
이에 대한 해결책은 오로지 콘돌 전략이다!

콘돌(Condor) 전략이란?

콘돌 전략은 일반양매도보다 더욱 진화된 기법입니다. 왜냐하면 역사적으로 큰 사건 이후 일반 양매도의 손실무한대의 구조가 실현가능성이 있다는 것을 알게 되었기 때문입니다. 물론 그 가능성은 매우 적지만 실제 2011년 8월에 최외가 풋옵션이 결제되면서 일반양매도의 위험성은 더욱 증대되었습니다.

이에 비하여 콘돌 전략은 손실을 고정시키는 구조입니다. 최대 손실이 내원금이고 계약수를 줄이면 줄일수록 최대 손실은 더욱 줄어듭니다. 그러니까 수익구간을 벗어난다고 해도 일반양매도의 손실무한대 구간은 없다는 것이 그 장점입니다.

이 장점은 일반양매도의 경우에 다음날 제어할 수 없는 큰 리스크로 급락 출발하여 풋매도의 범위를 벗어나 출발할 때에 나타납니다. 예를 들어, 여러분이 거대 자산을 운용하는 입장에서 다음날 종합지수가 100포인트 하락출발을 한다고 가정을 해봅시다.

이때 매매자금 이상 손실로 출발할 경우에는 어떠한 변명을 해도 용서받을 수 없습니다. 그러나 콘돌은 변동성 폭발을 하는 경우에도 외가 매수한 옵션도 같이 커짐으로써 생각보다 적은 손실로 시작을 할 때가 많습니다.

또한 수익률 면에서도 일반 양매도보다 유리합니다. 콘돌은 매도와 매수를 반복해서 주문을 넣기 때문에 계약수의 진입을 더 많이 할 수 있습니다. 즉 일반 양매도보다 만기수익을 10배 이상 늘려 진입하는 것이 논리적으로 가능한 것입니다.

즉 일반 양매도가 월 2% 수익이 나게 만든다면 콘돌 전략으로는 월 20% 수익이 나게 만드는 것이 가능하므로 수익률 면에서도 비교가 안 될 정도로 월등하다고 할 수 있습니다. 물론 이렇게 콘돌 전략도 레버리지를 풀로 가동할 경우에는 리스크도 커지기 때문에 레버리지를 적당하게 쓰는 것이 좋습니다.

자, 그럼 지금 시작한 월물초 262.50만기를 기준으로 위로 12.5 아래로 12.5간격을 벌인 콘돌 전략을 1천만 원당 10계약 진입한 포지션을 예로 들어 설명하겠습니다.

진입 종목 :
262.50 등가에서 위로 12.50포인트 벌인 콜275 매도와 한칸외가 콜277 매수 각각 10계약
262.50 등가에서 아래로 12.50포인트 벌인 풋250 매도와 한칸외가 풋247.50 매수 각각 10계약입니다.

콜매도 종목인 275는 종합지수로 환산하면 2,133포인트 정도입니다. 지금 만기지수 262.50를 기준으로 12.5포인트 위의 콜옵션은 만기지수 10포인트 법칙과 미결제증감에 의하여 결제가 절대적으로 어려운 것은 아닙니다.

독자 여러분은, 시간이 지나서 위 수렴차트에서 상승 추세가 더 위로 올라가면 충분히 도달 가능한 종목이 될 수도 있다는 점을 잊지 말아야 합니다.

또한 풋매도 종목은 250은 종합지수로 환산을 하면 1,940입니다. 이는 지금 같은 상승추세에서 본 대로라면 2,010이 바닥이므로, 이보다 훨씬 아래 있는 1,940포인트까지 하락은 어려운 것입니다.

만약 올해 초나 작년 같은 경우에는 1,900까지 하락이 일어날 가능성도 있었겠죠? 결국 한달 후 만기지수를 기준으로 상하단매도 종목은 계속 조절을 해야 합니다. 그래도 이상 급등락이 나올 때는 필히 헤지를 통하여 수익을 내야지 그냥 버티는 매매를 해서는 안 됩니다.

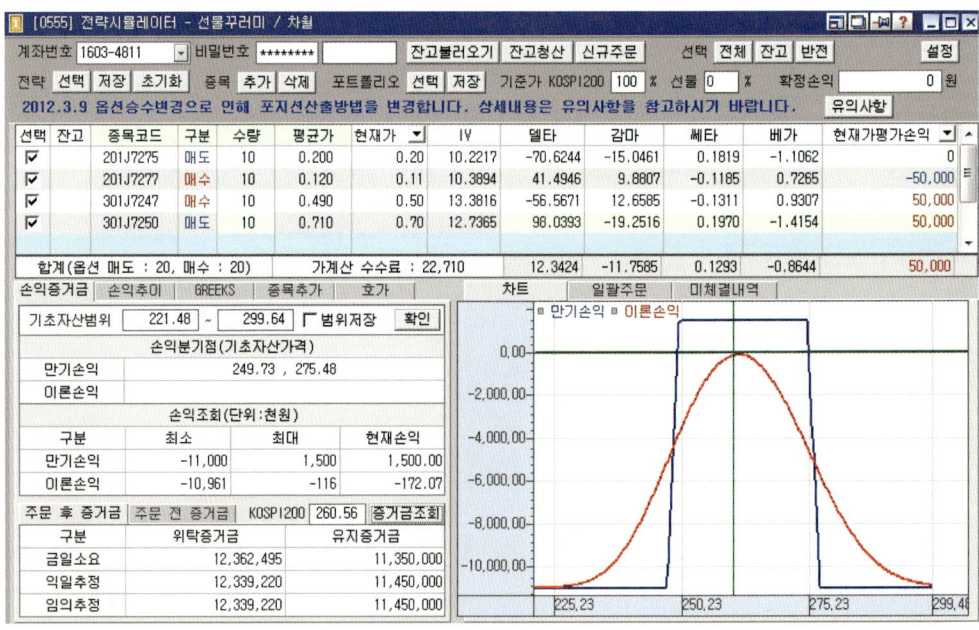

콘돌 전략의 예 - 기준선 262 대비 12.50 간격으로 벌린 모습

제4장 | 콘돌 전략으로 월 5~10% 수익을 내자

정확하게 증거금 1,200만 원 대비 만기지수가 275와 250 사이일 경우에는 대략 15~20% 수익이 나게 되어 있음을 알 수 있습니다. 위의 경우를 보아서 알 수 있듯이, 1천만 원 대비 10계약을 매도와 매수로 진입하는 정도는 가능합니다.

이럴 경우가 레버리지를 풀로 가동한 사례입니다. 그런데 만기손익의 최대 손실을 그림으로 보면 거의 −1,200만 원 정도로 되어 있는 것이 보일 것입니다. 즉 수익률이 좋은 반면에, 그 달이 조용한 달이라면 괜찮겠지만, 만약에 급등락이 나오기라도 하는 달이라면 버티기가 쉽지 않습니다.

여기서 중요한 것은 이런 포지션으로 끌고 갔을 경우에, 1년 내내 조용한 달이면 좋겠지만, 그것을 결코 미리 알 수는 없다는 것입니다. 결국 이에 대한 기준은 높은 수익률에 둘 것이 아니라, 여러분이 운용하는 자금이 일반 개인자산이냐 거대 자산운용을 하느냐에 따라서 수익률대비 손실률 조절을 해야 한다는 것입니다.

만약 기준선에서 다음날 어마어마한 하락이 나와서 만기손익을 벗어나려는 때가 오거나 아니면 며칠 동안 헤지를 하지 않고 홀딩하다가 만기손익을 벗어 나려고 할 때에, −400만 원의 손실이 난 다음에 헤지를 할 수 있음을 알 수 있습니다. 그리고 1천만 원이라는 증거금을 풀로 베팅했기 때문에 최대손실을 −10,000,000만 원까지도 볼 수 있습니다.

하지만 이 최대손실은 프리미엄이 전부 사라진 만기일에야 비로소 나타나기 때문에 그전에 만기손익곡선과 이론손익곡선이 접하는 −400만 원, 즉 40%까지 손실이 날 수 있음을 잊지 말아야 합니다. 모든 포지션은 수익률 대비 손실률이 비례하기 때문에 본인이 개인적인 자금은 운용한다면 -40%도 몇 개월 20%씩 수익을 낸다면 복구는 될 것입니다. 하지만 타인의 자금이나 거대자산을 운용한다면 이정도의 손실은 용납이 되지 않습니다.

게다가 매우 중요한 것이 있습니다. 방향성매매나 옵션외가 매수매매가 바로 이러한 극도의 손실률이 날 수도 있는 상황에서 매일 매매를 하기 때문에, 아무리 하려고 해도 리스크제어가 안 된다는 것입니다. 여기서 알려 드릴 내용은 수익률보다는 최대손실률을 줄여야 한다는 것입니다.

특히 합성전략매매는 1~2년 하고 끝낼 것도 아니고 매매방식보다는 전략 연구나 패턴에 따른 헤지만 잘한다면 평생운용을 해도 되기 때문에, 급하게 승부를 걸 필요가 없습니다. 바꿔 말해서, 큰 리스크 대비 큰 수익율로 접근하면 합성매매를 한다는 의미가 없어지는 것입니다.

아래의 경우는 1천만 원당 계약수를 5계약으로 줄여서 증거금을 반만 사용한 경우입니다. 당연히 수익률은 7~8%로 위의 15~20%의 반으로 줄어들게 됩니다. 하지만 만기손익과 이론손익이 겹쳐서 최대손실이 사실상 -20%로 줄어듭니다.

즉, 천재지변이 일어나도, 예를 들어 새벽에 911테러가 터지고 그 대처를 급락 이후에 한다고 해도 최대 20% 손실에 막을 수 있다는 점이 위와 같은 포지션보다는 훨씬 안전한 것입니다. 여기서 한 번 더 수익률을 3~4%로 낮춘다면 어떤 결과가 일어날까요? 당연히 우리가 대처하지 못하는 비체계적 위험이 일어난다고 해도 최대손실 -10%에 대처할 수 있다는 결론이 나옵니다.

제4장 | 콘돌 전략으로 월 5~10% 수익을 내자

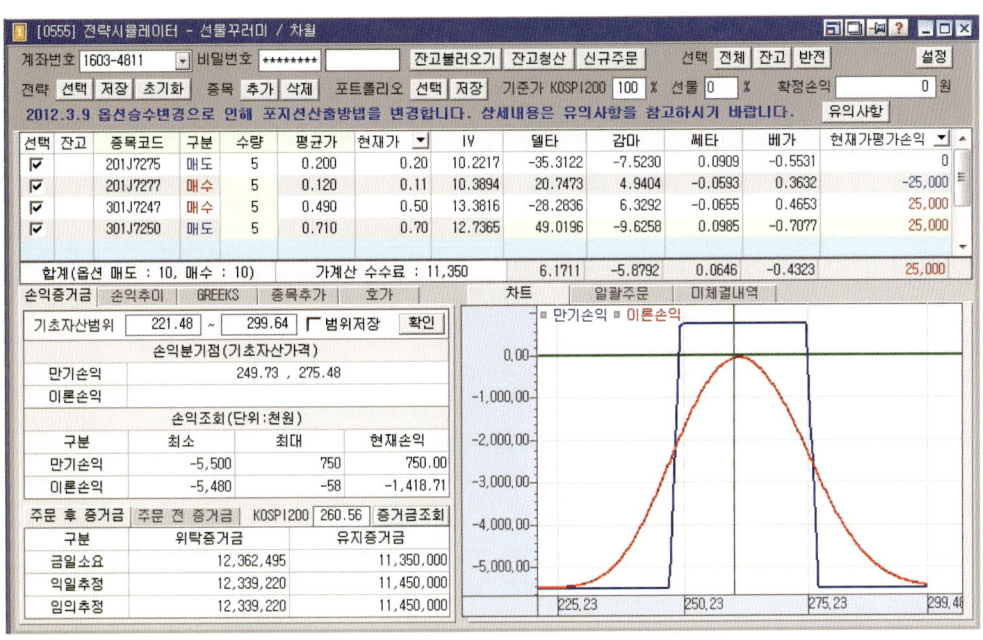

콘돌 전략에서 계약수를 반으로 줄여 리스크를 줄인 모습

큰 팁 하나 더. 최근 은행금리가 워낙 낮아졌기 때문에 월 2%의 수익, 아니 월 1%의 수익만 내더라도 운용자금은 원하는 것 이상으로 들어올 수 있습니다. 위 예시에서 수익률을 더 적게 해서 1.5~2%로 만든다면 최대손실이 기껏해야 5% 밖에 나지 않을 것입니다.

이 같은 현상은 대부분 급락장에서 나올 때가 많습니다. 수렴과 발산 이론에 따르면, 3개월 이후 다시 크게 하락한 지수가 올라가는 장에서 상승포지션으로 손실만회는 물론이거니와 더 큰 수익추구도 가능합니다. 즉 초기에 레버리지를 적게 쓰다보면 예기치 못한 장에서라도 손실이 적게 날 수 있으며, 따라서 그다음 만회하기도 쉽기 때문에 여러모로 유리한 위치를 점하는 것입니다.

더욱 안전한 방법과 관련해서는, 전설적인 투자자들은 자금관리상 원금의 50% 이상은 투자를 하지 않는다고 합니다. 만약 그 정도로 투자할 때에 최악의 경우에 손실이 나고 마감하는 달에 손실금만큼 다시 계좌에 입금을 해서 매매를 한다면, 원금에서 시작한다는 생각에 심리적 압박감은 훨씬 줄어들 것입니다. 또한 수익이 나면 인출해 놓는 식으로 계속 단리매매를 해야 합니다.

합성매매자 1~2년 차들이 빠지기 쉬운 오류 가운데 하나는, 수익이 나면 합성에다가 전 재산을 몽땅 쏟아 부어 복리수익을 기대한다는 점입니다. 이에 대하여 두 가지 방법을 말씀드리겠습니다.

첫째는, 최대한 레버리지 매도 계약수를 반이나 그 이하로 줄여서 여유 증거금을 충분히 남겨둔 채로 끌고 가는 것입니다.

둘째는, 아예 계좌의 자금을 총자금의 반 이상 투입하지 않고 매매하면서 자금을 조절하는 방법입니다.

여러분은 앞에서 수렴과 발산 이론에 의하여 지수의 흐름을 어느 정도 예측할 힘을 길렀습니다. 그렇다면 이제는 콘돌 전략을 제대로 익히기만 하면 제대로 힘을 얻을 수 있습니다. 하지만 이런 자신감도 좋지만 절대 주의해야 할 것은, 이 시장은 자신감이 자만으로 변하는 순간 여러분의 뒤통수가 노림수가 된다는 점입니다.

제4장 | 콘돌 전략으로 월 5~10% 수익을 내자

요약

콘돌 전략은 양매도의 진일보한 전략이다.
이익 대비 손실구간의 비율을 조절하여 자신에 맞는 구조로의 변화가 가능하다!
1천만 원당 10계약 진입 – 최대 리스크는 내원금 전체
1천만 원당 5계약으로 진입 – 최대 리스크는 내원금의 50%로 축소

 콘돌 전략의 증거금 대비, 그 구체적 진입 방법

콘돌 전략은 사실상 만기지수 10포인트 법칙, 옵션매도 미결제증감 등, 여러 근거에 의하여 진입과 동시에 수익이라고 봐도 되는 달이 12달 중 11달 정도를 만들 수 있습니다. 예를 들어 이 글을 적고 있는 2014년 8월의 장을 예로 들겠습니다. 8월물 만기는 259로 마감하여 9월물은 결제가 269 이상이 불가능하지 않을까 생각됐습니다.

하지만 8월 최경환노믹스의 거시경제 정책 발표와 함께 선물이 274.60까지 오르면서 콜옵션이 20배 이상 터졌습니다. 하지만 결제되는 만기지수는 결국 265.88로 만기지수 10포인트 법칙에 따라서 통 안에 들어오고 마감을 했습니다. 결국 이런 식으로 전 만기 대비 10포인트 이내에 마감되는 달이 대부분이기에 콘돌 전략은 진입과 동시에 수익을 낸다고 해도 좋을 것입니다.

하지만 이런 콘돌 전략에 일반인이 거의 접근을 못 하는 이유는 증거금 원리를 잘 모르기 때문입니다. 게다가 증권전문가들조차 증거금을 모르기 때문에 이 매매를 거의 사용하지 못하고 있습니다.

그런데 증거금 원리를 이해하고 있다고 해도 최근 증권사에서 금융사고가 자주 터지면서 증거금제도를 순위험 증거금에서 총위험 증거금으로 바꿔서 아예 이

제4장 | 콘돌 전략으로 월 5~10% 수익을 내자

매매를 하지 못하게 되는 증권사가 대부분입니다. 따라서 본사와 협의하여 증거금 제도를 바꾸어달라고 하는데, 이는 협상으로 가능한 것이며, 함부로 열어주진 않는다는 점입니다.

이 문제를 저희 연구소에서는 해결해드릴 수 있습니다. 자, 아래와 같은 증거금이 되는지를 알기 위해서는 여러분의 계좌로 직접 주문을 넣어보면 됩니다. 콜외가 1계약 매도증거금은 거의 1천만 원이라고 했죠? 콜272 매도 1계약에 콜275 매수 계약을 할 경우에 증거금이 10분의 1인 100만 원대로 줄어드는 것을 알 수 있습니다. 따라서 증거금 1천만 원으로 매도와 매수를 풀로 반복해서 주문해 넣는다면 10계약 정도가 들어갈 수 있습니다.

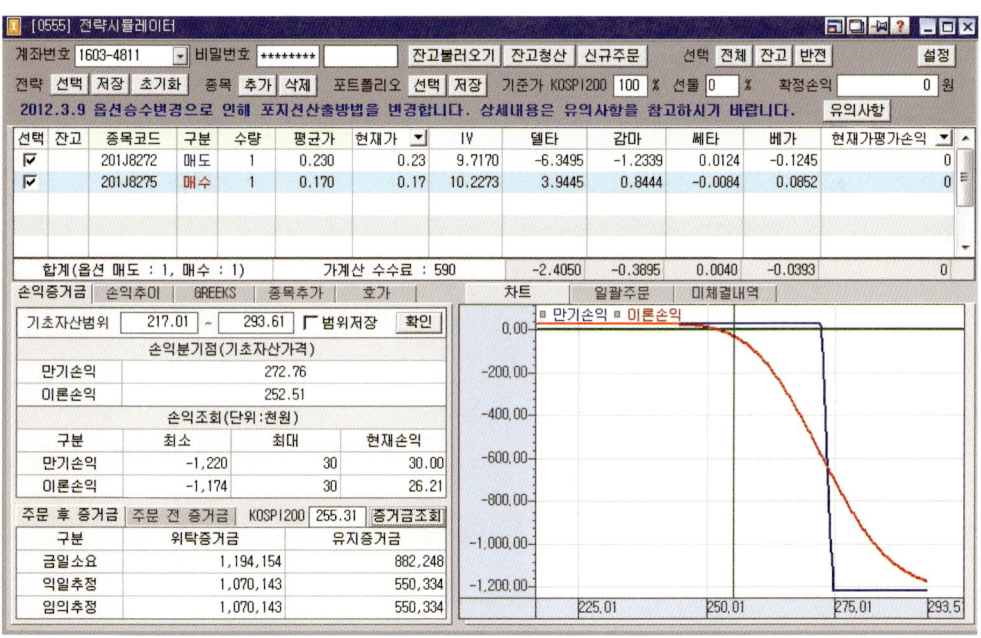

콜매도 매수 반복 시 증거금이 10분의 1로 줄어든 모습

배박사의 옵션합성 전략매매

위와 같이 1계약 매도와 1계약 매수를 반복할 경우에 증거금이 10분의 1로 줄어 드는 이유는 최대손실이 100만 원 정도로 제한되어 내 계좌의 자금을 다 날릴 경우까지만 레버리지를 썼기 때문입니다. 따라서 굳이 손실무한대도 아니므로 엄청난 리스크를 떠안고 하는 매매는 아니기 때문에 예전에는 가능한 상황이었 습니다.

양매도의 증거금 원리에서 배운 대로, 콜 쪽만 진입하는 것과 콜과 풋 양쪽을 진입하는 데에는, 증거금은 2배가 되는 것이 아니고 전과 동일하다는 것은 배웠을 것입니다. 즉 위에서 1천만 원으로 10계약을 한쪽을 매도매수로 진입을 하는 것의 원리를 배웠고, 이번에는 양쪽을 진입해도 1천만 원이 되는 것도 이해를 했을 것입니다.

양쪽을 진입하면, 델타를 중립에 가깝게 만들 수 있을 뿐 아니라 수익률도 2배로 나오기 때문에 변동성이 적은 장에서는 단일매도보다는 훨씬 유리합니다. 단, 급등이나 급락장이 나오면 어디든 한쪽이 리스크에 노출되기 때문에 그쪽만 집중적으로 헤지를 해야 합니다.

하지만 정확하게 1천만 원으로는 승수제 이후 옵션매도 1계약 진입한 뒤로는 증거금이 전부 소비되기 때문에 다른 주문을 넣을 수가 없습니다. 만약에 최소 2천만 원으로 1천만 원어치, 즉 총 10계약씩 주문을 넣는다는 예를 들어 보겠습니다. 먼저, 한칸외가 매수 10계약 진입한 뒤에 매도 종목은 콜과 풋을 번갈아서 1계약씩 진입해서, 콜 풋 매도와 매수 각각 10계약씩 완성하는 경우가 있습니다.

이럴 때에 제가 즐겨 사용하는 방법으로는, 먼저 10계약씩 진입을 한다고 했을 때에 그 절반인 5계약 양매수를 먼저 진입하는 것입니다. 그 이후에 매수계약 수인 5계약의 매도는 한 번에 진입이 불가능하면 주문수량을 최대한 늘리고 가능한 수량을 지속적으로 반복하는 것입니다.

이렇게 모두 들어갈 수량의 반을 진입하고 나서 그 나머지 반을 나누어 진입하는 식으로, 계속적으로 반씩 진입을 하면 주문이 쉽게 진행될 수 있습니다. 특히 매도주문을 넣을 때에는 체결이 되지 않으면 다음 매도 주문 수량이 나타나지 않습니다. 왜냐하면 체결이 되지 않으면 매도의 증거금이 잡혀 있기 때문에 체결이 되고 나서야 증거금이 살아나는 것입니다.

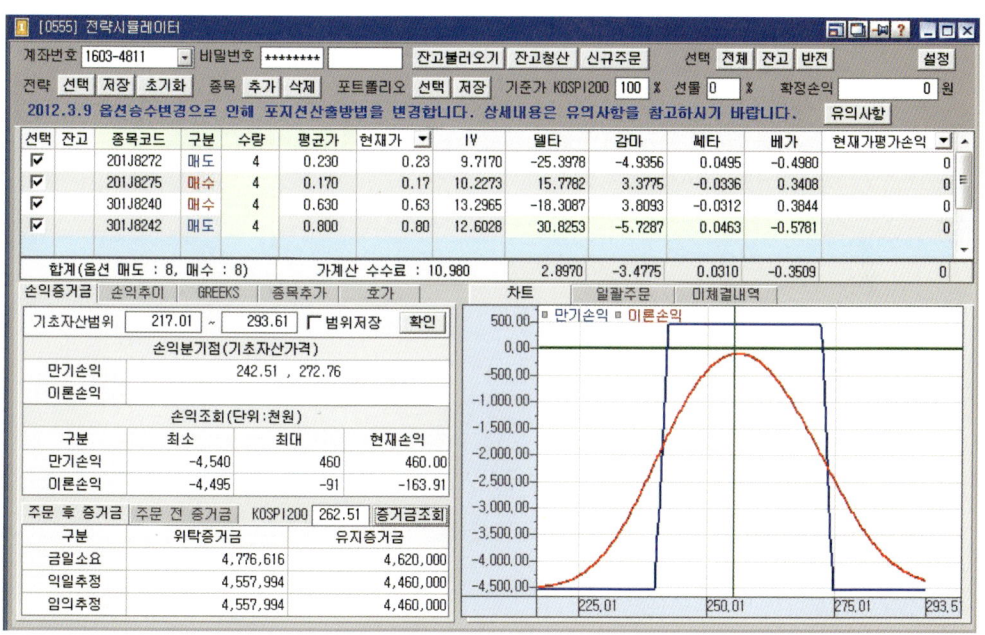

1천만 원 대비 4계약 진입하여 리스크를 줄인 모습

따라서 반드시 체결을 해야 합니다. 만약 체결이 되지 않으면 바로 가격을 정정해서라도 체결을 해야 다음 주문이 들어간다는 점을 잊지 마시기 바랍니다.

그런데 위에서 배운 대로라면 증거금을 풀로 진입하는 경우에는 만약의 급등락에 최대손실이 감당하기 힘들기 때문에 적당하게 진입해야 합니다. 예를 들어 1천만 원 증거금을 소요하더라도 4계약을 진입했다면 위와 같이 됩니다.

최대수익 1천만 원 대비 50만 원 – 약 5%
만기까지 끌고 갔을 경우 최대손실 – 약 45%
급등락 시 만기손익과 이론손익이 겹치는 부분에서 헤지 시 손실 – 약 20%

이 정도가 개인투자가들이 매매하기 딱 좋은, 수익과 손실입니다. 이것을 기준으로, 기관에서는 1배 더 약하게 하고 시장이 약간 조용하다고 생각했을 때, 개인투자가로서 헤지할 자신이 있다면 2배 정도 더 레버리지를 키워 진입할 수는 있을 것입니다.

요약

콘돌 증거금 원리 : 옵션매도와 매수를 반복할 경우 증거금이 10분의 1로 감소, 활용 레버리지를 100% 전부 쓰지 말고 적당하게 사용하자!

4절 콘돌 전략만으로는 부족하다. 진입 시 변형시키는 탱크 전략

앞에서 필자가 우리나라 지수의 흐름은 결국 2011년 하락하기 전 고점인 2,200을 다시 회복할 것이라고 했습니다. 하지만 그 회복하는 상승속도가 완만한 흐름으로 오르느냐 아니면 급속하게 오르느냐에 따라, 앞으로 배울 탱크 전략을 구사할지 아니면 곡사포 전략을 구사할지를 결정하면 됩니다.

왜냐하면 콘돌 전략은 10포인트 이내에서 움직이는 장이 아닐 경우에는 한 번의 손실에 치명타를 입을 수 있기 때문입니다. 결국 그런 비체계적인 위험에는 후행적으로 헤지를 하여서 손실을 입지 않는다면 거의 1년 이상을 완승을 할 수 있을 것입니다.

마지막으로 이번 4장에서는 앞에서 다룬 이론을 정확하게 이해하시고 어느 전략을 쓸 것인가를 결정할 수만 있다면 아마도 손해를 거의 보지 않는 자산운용사도 탄생할 수 있다고 봅니다. 참고로 콘돌 전략은 교과서에 나온 전략입니다. 하지만 이것을 응용한 탱크 전략이나 곡사포 전략은 배박사투자전략연구소에서 세계최초로 개발한 기법입니다.

그렇다면 탱크 전략을 언제 사용할 것인지를 알아야 합니다. 만약 시장이 꾸준하게 오르는 장이 있다고 할 때에, 중립 콘돌은 계속 콜 쪽이 커지고 풋은 죽으면서 가격이 차이가 나면 버티기가 어렵습니다. 이에 상승탱크전략으로 적절하게 진입하면 상승장이 오더라도 편안하게 평가수익이 늘어나면서 수익을 볼 수 있습니다.

만약 진입 시 상승장이 아니었어도 중립 콘돌 전략으로 진입했다면 차후에 내가 매수를 하여 곡사포 전략으로 헤지를 해야 하는 피곤함도 떨칠 수가 있습니다.

즉 곡사포 전략은 콘돌로 진입했다가 이후에 추세가 잡히는 것을 감지하고 헤지로 만드는 것입니다. 이에 반하여 탱크 전략은 아직은 추세가 100% 잡히진 않았으나 향후 방향성이 추세의 연속으로 움직이는 것으로 파악했을 때에 월물 초 진입 시 방향을 미리 잡아주는 전략입니다.

그런데 탱크 전략은 후진이 가능하다는 점에 주목해야 합니다. 즉 방향을 설정하고 이에 맞게 진입을 하지만 반대로 갔을 때에도 만기손익과 관련해서 원하는 수익을 어느 구간에서든 얻을 수 있는 장점이 있습니다. 아래는 상승장이 예상될 때의 탱크 전략입니다.

강세 탱크전략 : 기본 골격은 콘돌 전략과 같습니다. 하지만 콜 대 풋 비율을 조절하여 진입 시 한쪽 리스크를 줄여 진입하는 전략입니다. 리스크를 줄이는 쪽이 만기손익이 올라가면서 탱크 모양처럼 보이기 때문에 이 전략을 탱크 전략이라고 부르는 것입니다.

콜매도와 콜매수 각각 3계약 : 풋매도와 풋매수 각각 9계약 = 1:3 비율 중립 콘돌로 진입 시에, 진입과 동시에 콜매도가 커지면서 버티기 어려운 장이

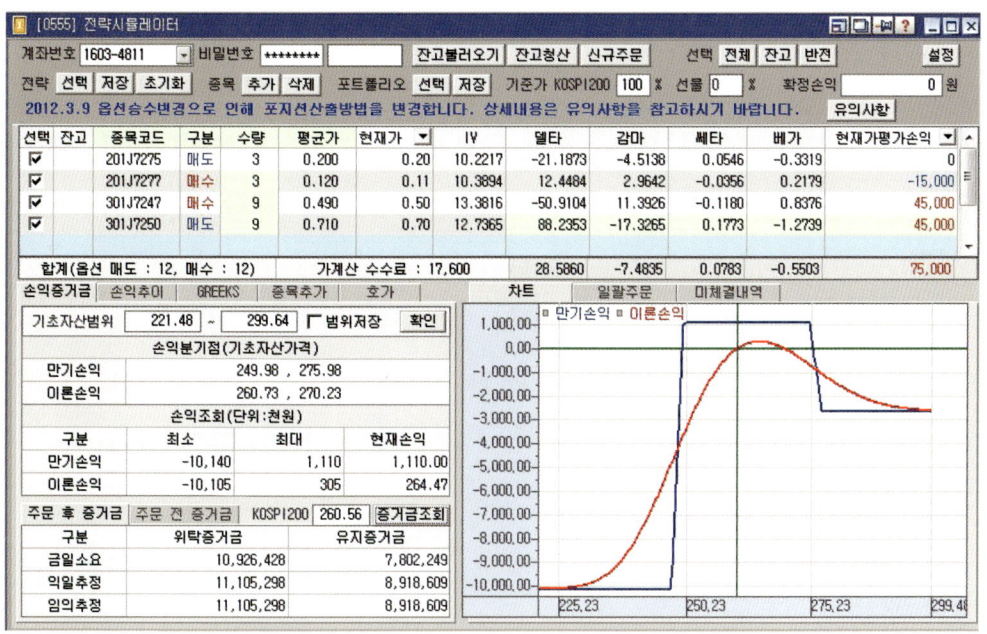

강세 탱크전략 – 콜 대 풋 비율을, 1 : 3으로 한 강세 탱크전략

라고 느껴질 때에는 아예 콜매도 쪽을 1/3만 진입합니다. 만약 정말로 시장이 강하게 올라간다면 상당한 도움이 될 것입니다.

완만한 강세 탱크전략 :

콜매도와 콜매수 각각 5계약 : 풋매도와 풋매수 각각 10계약 = 1:2 비율
여기서는 힘의 강도에 따라서 비율을 조절할 수 있습니다. 예를 들어 지난 3년 동안 지수가 최대 상승폭이 2050정도였고 그 이상의 돌파는 못했기 때문에 분위기가 위로 잡혀도 적당한 강세 탱크전략이면 무난히 수익이 났습니다. 이런 구간에서는 콜매도를 1/2만 줄인다면 혹시 조정이 나와도 큰 손실을 보지 않는 구조입니다.

초강세장 탱크 :

콜매도와 콜매수 각각 2계약 : 풋매도와 풋매수 각각 10계약 = 1:5 비율
실례로, 2007년 매달 100포인트씩 올랐던 랠리장에서는 1:2 비율도 사실상 하루 이틀이면 중립이 되면서 위험에 처해졌습니다. 이렇게 연속성 있는 초강세장에서는 굳이 중립으로 시작할 필요 없이 콘돌 전략에서 쌍방 흐름의 강도에 따라 미리 포지션 변형을 하고 진입하는 것이 좋습니다. 콜비율을 1/5로 줄이면, 강한 랠리장이 와서 코스피로 10포인트를 빠르게 올라가도 평가적으로 수익이 나기 때문에 큰 문제가 없습니다. 이와 반대로 시장이 연속적으로 하락장 분위기를 벗어나지 못할 경우에는, 반대로 비율을 만들면 됩니다.

약세 탱크전략 :

콜매도와 콜매수 각각 9계약 : 풋매도와 풋매수 각각 3계약 = 3:1 비율
여기서는 힘의 강도에 따라서 비율을 조절할 수 있습니다. 즉 약세장이 제법 나올 것으로 보았는데 생각보다는 약하지 않을 경우에는, 아래의 완만한 약세탱크전략으로 풋매도의 계약수를 늘려도 됩니다.

완만한 약세 탱크전략 :

콜매도와 콜매수 각각 10계약 : 풋매도와 풋매수 각각 5계약 = 2:1 비율
위의 경우보다 풋매도와 풋매수의 계약수를 늘린 것으로서, 이렇게 하면 풋매도 쪽의 수익이 더 늘어나기 때문에 만기수익은 좀 더 양호합니다. 그러나 시장이 당장이라도 급격하게 하락하는 기미가 보인다면, 아래의 초약세장 탱크전략으로 빠르게 전환을 하는 것이 좋습니다.

제4장 | 콘돌 전략으로 월 5~10% 수익을 내자

초약세장 탱크전략 :

콜매도와 콜매수 각각 10계약 : 풋매도와 풋매수 각각 2계약 = 5:1 비율

이렇게 하방을 상당히 경계해야 하는 장은, 글로벌 악재가 길게 이어졌던 2007년 말 서브프라임 모기지 사태와 같은 글로벌 하락이 연속해서 나왔을 때를 떠올리면 됩니다. 특히 그 발생지가 미국일 경우에는 당연히 초약세 탱크전략으로 진입을 해야 한다고 생각하시면 됩니다. 게다가 그러고도 극단적인 하락장이 나타나면 여기에 하락을 더 해도 수익이 나는 곡사포 전략을 구사해야 합니다.

이렇게 하락장에서도 상승장에서처럼 연속성이 있는 강한 하락장이냐 아니면 고점부근에서 조정 정도의 완만한 하락이 예상되느냐에 따라, 3가지의 비율로 진입하는 다양한 전략 변형이 가능합니다.

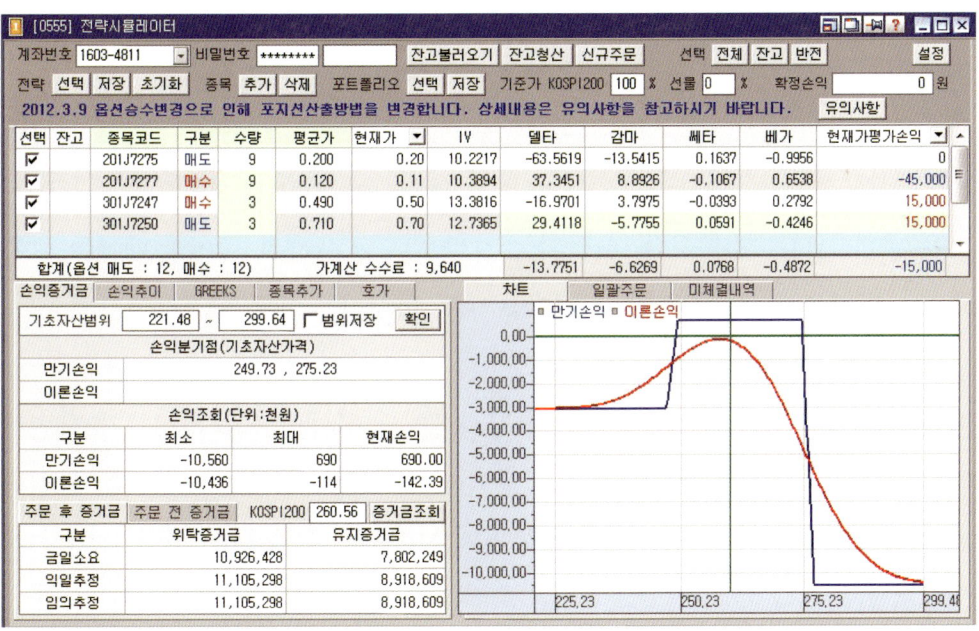

약세 탱크전략 – 콜 : 풋비율을 3:1 로 한 약세 탱크전략

2014년이야말로 강세 탱크전략과 약세 탱크전략을 적절하게 구사를 하면 생각보다 큰 수익이 가능한 장입니다. 왜냐하면 강세추세장임이 이미 뚜렷하게 나와 있고, 상단과 하단이 점점 올라가는 것이 보이기 때문입니다. 최근 상단은 2,100 근방 그리고 바닥선은 2,000 근방입니다.

만약에 최초 진입 시점이 2,100 근방이라면 하방 탱크로 진입을 합니다. 그렇다고 해도 무작정 하락을 하는 것이 아니라 2,000 근방까지 가면 지수는 또다시 반등을 할 것입니다. 즉 2,000 근방까지 하락을 하면 그때는 또다시 통통해진 풋매도를 추가로 매도 치고 다 죽은 콜매도를 정리하면서 상방 탱크로 전환을 합니다.

이런 식으로 몇 차례 상승추세의 파동을 이용해서 더 높은 가격의 옵션을 진입합니다. 반면 뼈만 남은 반대편 옵션은 미련 없이 정리를 하는 식으로 따라다니면 생각보다 높은 만기수익이 만들어지면서 알찬 수익을 낼 수 있습니다.

물론 이런 역추세 매매는 시장이 매우 안정화되어 있고 규칙적으로 움직이는 장을 전제로 하는 것입니다. 따라서 순간적으로 큰 추세로 돌변할 때에는 그쪽으로 따라가는 곡사포 전략으로 대응을 해야 합니다.

하지만 지금 당장은 탱크전략 매매를 구사해서 전진과 후진을 자유롭게 하면서 만기수익을 키우는 전략을 구사하는 것이 맞습니다. 왜냐하면 지금처럼 안정화된 장에서는 결국 만기지수는 전달 만기지수와 큰 차이가 없이 마칠 것이기 때문입니다.

> **제4장** | 콘돌 전략으로 월 5~10% 수익을 내자

그러나 역사적으로 유명한 달인 2011년 8월처럼 500포인트 하락하는 장이라든가 위로는 2012년 8월 2013년 8월처럼 위로 20포인트 오르는 장에는, 다음에 나올 곡사포 전략으로 위기를 벗어나야 합니다.

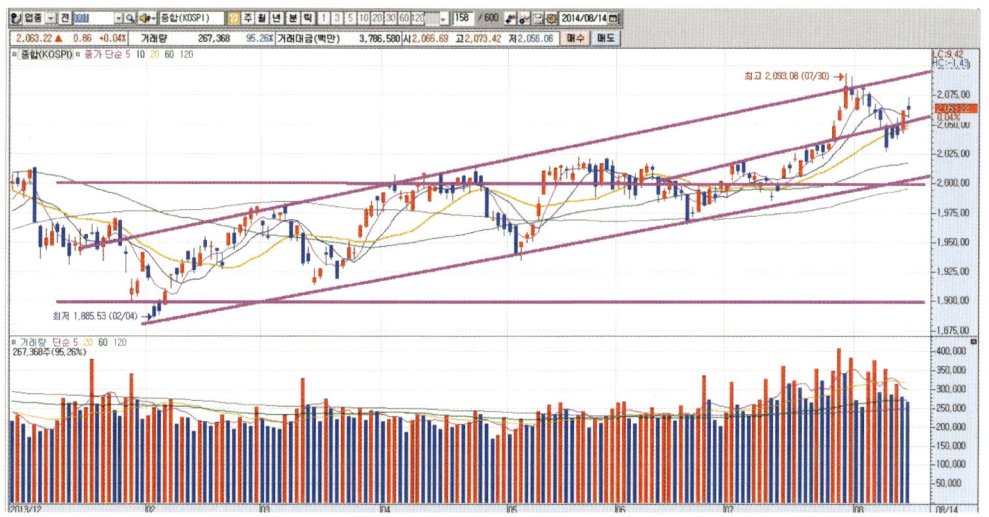

(최근에는 지속적으로 등락을 거듭하는 종합지수 모습) - 탱크 전략으로 커버됨

 ## 곡사포 전략으로 최악의 경우도 헤지를

통상은 콘돌 전략만으로도 대부분의 수익이 날 확률은 매우 높습니다. 때에 따라서는 시장에서 조용한 장이 연속으로 나올 것 같아 지속적으로 콘돌 전략을 구사하면 수익이 날 것 같은 확신이 들 때도 있습니다.

특히 옵션매수나 선물방향성매매로 큰 실패를 하고서는, 어디서 들었는지 옵션 양매도 위주의 합성을 해야 한다는 말을 들은 합성 1~2년 차 초보들이 가장 위험한 발상을 많이 합니다. 예를 들어 퇴직금 5억 원을 받은 분이 월 10% 수익이면 월 5천만 원은 번다는 단순한 생각에 양매도를 한두 달 해보고 전 재산을 올인하는 식입니다.

처음 몇 개월은 정말로 월 10% 수익도 나는 달이 있었는지 그에 더욱 탄력을 받고 신나서 남의 돈도 빌려다가 신나게 풀배팅을 합니다. 하지만 이런 상태가 가장 위험한 상황입니다. 시장은 헤지 기술이 뛰어나지 않은 초보 합성맨들을 1년에 한두 번 크게 혼을 냅니다.

역사적으로 유명한 사건인 2011년 미국의 국가 신용등급 강등에 의한 하락을 그 예로 들어보겠습니다. 게다가 이 사건 전엔 지수가 2,200을 넘으면서 랠리의 분위기가 나타나기 때문에 하루 이틀 급락을 해도 헤지를 제대로 하지 않은 쪽이 대부분이었습니다.

결국 종합지수가 한 달에만 역사상 최대폭인 500포인트 이상을 하락하는 대참사가 일어났습니다. 그 결과 이때까지 매월 2% 수익을 자랑하는 많은 자산운용사 상품들이 한방에 아웃이 되었으며 망했다고 합니다.

그 무렵 월 2% 목표로 수익률을 줄인 파생계의 전설인 선경래 씨도 제법 큰 손실을 보았다는 소문도 돌았습니다. 그래서 파생의 리스크를 알고 2012년 자금의 반 이상을 인출하여 안전자산인 부동산으로 돌려 강남의 빌딩으로 매입했다는 기사가 나온 것입니다.

즉 시장에는 때에 따라서는 합리적인 생각을 하는 이들을 바로 퇴출시키는 고약한 습성이 있습니다. 역사적 경험을 많은 하지 않고 우물 안 개구리처럼 몇 개월만의 양매도의 재미를 보고 전 재산을 풀배팅하여 이런 장을 맞이한 주인공이 여러분이라는 상상을 해보십시오.

만약 이런 장이 또 왔을 때 문제를 해결할 수 있는 간단한 팁을 하나를 알려드리겠습니다. 상상도 못한 급락장이 시작되고 이것이 앞으로도 계속 이어질 것인지에 관해서는, 그 원인이 미국이 발생지가 되면서 글로벌 악재인지 아닌지를 판단하는 것이 중요합니다.

한편 이 영향으로 인하여 우리나라뿐만 아니라 전 세계가 장기적으로 하락 추세에 돌입했다고 하면, 비록 늦더라도 곡사포 전략으로 수정을 해야 합니다. 그 후에 평가적으로 손실이 없다면 바로 바닥을 확인하고서 풋매도 위주의 매매를 한다면 3개월에서 6개월 동안 안정적 수익을 낼 수 있습니다.

놀랍게도 아래의 차트에서 1,700을 찍은 이후에 1,700보다 하단의 풋매도만 진입을 3개월간 했다면 만기 전에는 1,700을 하회하더라도 결국 만기는 지속적으로 1,700 이상에서 결제지수가 나옵니다. 그 뒤 3개월 이후 급등장이 나왔고 그 후로 8,001인 저점은 점점 위로 올라가는 장이 연출되었습니다.

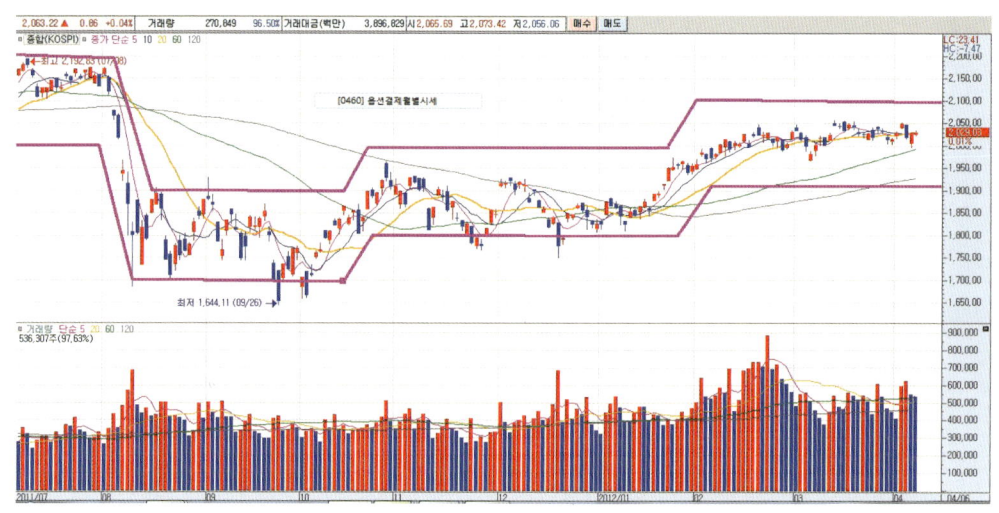

2011년 8월 2,200에서 1,700까지 고점 대비 500포인트 하락한 장

여기서 중요한 것은, 2,200포인트에서 떨어질 때 과연 어느 시점에서 헤지를 들어가서 위기를 기회로 전환시키는가입니다. 그리고 이때 어떤 포지션으로 전환을 하느냐 이 두가지를 익히시면 아래로뿐만 아니라 때에 따라서는 위로 200포인트 정도 올라가는 장에서도 아무런 문제없이 수익전환이 가능하게 됩니다.

자, 위의 2011년 하락장에서도 수익을 보고 나온 곡사포 전략 진입을 실례로 들어보겠습니다. 당시 2,150포인트 고점에서 음봉이 2개 나오면서 2,100까지 순간종합지수로 50포인트를 하락한 후에 다음날 곡사포 전략 전환을 하였습니다. 이미 추세는 깨졌기 때문에 다음날 보합으로 시작했더라도 하방으로 전환을 하였고 그 후에 그날 장대 음봉으로 50포인트가 추가로 하락했습니다.

즉 진입 시기는, 바로 들어가는 것 아니라 이미 추세가 깨진 것을 확인하고 코스피로 최소 5포인트 정도 방향이 강력하게 나온 이후에 진입해도 되는 것입니다. 그리고 통상 만기주에 성급하게 들어갈 필요가 없으며 2~3주 후에 경과를 보고 천천히 진입하는 것입니다.

왜냐하면 만기주 이후에는 프리미엄이 커서 외가옵션이 크게 오르지 못하고 며칠 하락해야 겨우 두 배가 나올 정도이기 때문입니다. 따라서 합성은 큰 충격이 없습니다. 위의 대형참사의 시기도 정확하게 8월 1일, 즉 만기 이후 2주가 지나고 프리미엄이 죽은 후에 폭락을 하면, 줄어든 풋옵션이 일순간 수십 배 터지는 것입니다.

어쩌면 월말까지 순조로운 프리미엄 하락이, 헤지를 하지 않아도 될 것이라는 막연한 기대감을 주어서 더 큰 참사로 이어졌는지도 모르겠습니다.

그래서 아래와 같은 포지션으로 위기를 탈출하려면 적어도 3가지 요건이 충족되어야 합니다. 또한 이것이 충족되었다고 판단될 때에는 지체하지 않고 곡사포 전략을 구사해야 합니다.

첫째, 종합지수로 50포인트 코스피로 5포인트 이상 움직였을 때
둘째, 기간적으로 만기 전후 하락보다는 2~3주 후 프리미엄이 죽은 월말과 월초 근방의 변동성 확대가 치명타이므로, 이때 움직임이 포착되면 지체하지 않고 진입할 것
셋째. 이렇게 기다렸을 때 외인 누적포지션이 하방이고 개인이 상방포지션일 때

이 세 가지를 배박사투자전략연구소에도 철칙으로 지키고 있습니다. 그 결과로 지금까지 하락장에서는 곡사포 전략으로 전환을 하여 위기를 기회로 만들 수 있었습니다. 더욱이 아직까지 알려지지 않은 당 연구소만의 연구결과를 여기서 살짝 알려드리겠습니다.

2011년 8월 급락 … 시작 8월 1일 고점 대비 500포인트 하락
2012년 5월 급락 … 시작 5월 1일 고점 대비 200포인트 하락
2013년 6월 급락 … 시작 6월 1일 고점 대비 200포인트 하락

공교롭게 월초에 하락을 했고 위 3가지의 경고대로 매매했다면 위기를 전부 기회로 전환하는 것이 가능하지 않았겠습니까?

하락 곡사포전략이란 : 콘돌 전략에서 시작한 상태에서 시장의 방향이 크게 정해질 때 10포인트 극내가 옵션을 매수하여 리스크를 제거시키는 전략. 세계 최초로 개발한 제대로 된 콘돌 전략에서의 헤지 전략이며 필자가 과거 백골부대 소속 포병대에 근무하면서 105미리 곡사포를 다룬 적이 있었고, 당시 포 모양과 비슷해서 이렇게 부르게 됨

진입이율 : 콘돌 각각 10계약 진입 + 극내가풋 1계약 진입

여기서 극내가 풋은 대략 10.00 근방의 옵션이며 현금으로 약 500만 원 정도가 듭니다. 극내가 옵션매수의 유리한 점은 시간가치가 거의 없어서 선물로 헤지한 것과 비슷한 효과가 있다는 점입니다. 그러나 만약 선물로 헤지를 한다면 1계약에 1,500만 원 정도의 현금이 필요하지만, 극내가 옵션은 500만 원 정도만 필요하다는 것입니다. 따라서 헤지 비용을 상당히 줄일 수 있다는 장점이 있고, 또한 시장의 방향과 과소에 따라 그 비중을 조절하기 쉽다는 것입니다.

예를 들어 콘돌 계약수가 각각 30계약일 때 시장의 힘이 크게 강하지 않으면 1계약매수 후 분위기를 보고 3계약까지 늘리는 식으로 비중조절을 하는 데에 선물증거금보다 적게 들어 유리한 것입니다.

아래는 2011년 8월장에도 수익을 가져다 준 하락 곡사포전략 모습입니다. 이 모습을 보면 알 수 있듯이, 추가로 하락을 할 경우에도 이론손익곡선은 손실이 나지 않습니다. 또한 더 큰 하락을 할 경우에는 이론곡선과 만기곡선이 모두 수익전환이 됩니다. 만약 다음날도 추세가 완벽하게 하방으로 잡힌다면, 콜매도 종목을 더 실익이 있는 종목으로 내려가면서 추가로 완전히 이론손익이 아래로 갈수록 수익을 극대화되게 만들 수 있습니다. 단, 이 포지션의 치명적 약점은 만약의 경우에 반등을 했을 때가 문제입니다.

따라서 이것은 자주 나오는 장세가 아니며, 1년에 한 번 정도 이 포지션을 써먹을 때가 있을 것입니다. 이 위기를 넘어간다면 여러분은 최소 5년, 아니 10년 정도는 급락장에 두려움을 느끼지 않을 것입니다.

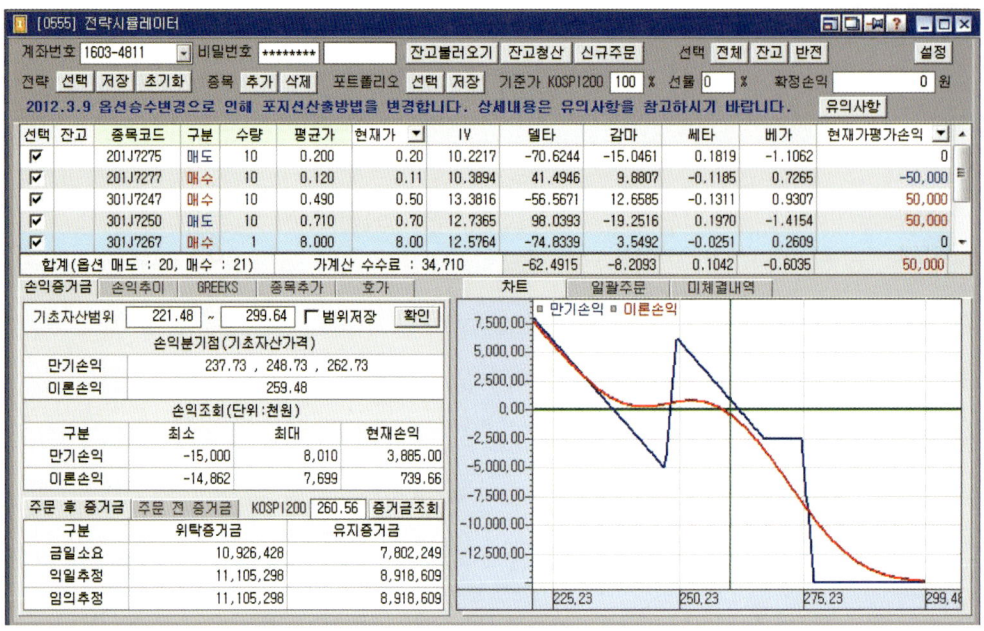

하방 곡사포전략 : 콘돌 10계약당 내가 풋1계약 매수한 모습

또 하나의 팁은, 곡사포 전략으로 넘어오기 전에 콘돌의 계약수가 1천만 원당 10계약으로 풀로 진입해 있는 상황에서는 500만 원의 여유증거금이 남아 있기 힘들다는 것입니다. 즉 1천만 원당 4계약 정도만 진입해 있고 여유증거금이 충분하다면 쉽게 증거금의 제한 없이 포지션 변경이 쉽습니다. 결국 자금이 많을수록 증거금 대비 매도의 계약수를 적게 진입하고 수익률을 적게 잡는 것이, 평가손실도 적을 뿐 아니라 헤지 시에도 증거금 걱정도 없이 이동을 할 수 있기 때문에, 여유증거금을 절반 이상 남겨 놓는 습관을 들여야 합니다.

어쩔 수 없이 증거금을 풀로 가동하다가 위와 같은 급락장이 왔을 경우에 도 그를 타개하는 방법을 알려줘야겠죠? 실전에도 가끔 그런 경우가 나타납니다만,

이럴 때에는 인위적으로 증거금을 늘려서 내가매수를 충분히 해주면 됩니다. 즉 풋극내가매수를 추가하는 순간 풋증거금은 줄어들 것이고 총 증거금을 잡아먹고 있는 쪽은 콜일 것입니다.

그런데 급락을 하면서 콜옵션 가격은 형편없이 줄어들 것이기 때문에 콜매도를 한두 개의 계약을 줄인다고 해도 손익에는 큰 차이가 없습니다. 따라서 총 증거금을 잡아먹고 있는 콜매도를 줄여 늘어난 증거금으로 풋극내가를 더 칠 수가 있는 것입니다.

결국 돈이 없어서 헤지를 하지 못했다는 변명을 하면서 1년에 한 번 오는 급락장에 본인의 전 재산을 날리는 사태는 막을 수는 있지 않겠습니까?

위에서는 하방 곡사포전략을 보았습니다.
이번에는 상방 곡사포전략을 보겠습니다.

1장에서 언급한, 과연 개인투자가들이 콜매도로 손실을 크게 보는지, 아니면 풋매도로 크게 보는지에 관해서 조사를 했는데, 콜매도로 크게 손실이 난다는 놀라운 결과가 나왔습니다. 그 이유에 대한 분석 내용은 다음과 같습니다.

첫째, 지수가 일시적으로 급락을 하면 글로벌 증시도 겁을 주고 모든 방송에서 폭락을 외치니 헤지를 하지 않고는 배기지 못하는 상황이 연출됩니다. 그런데 반등을 시작하면 급락의 공포심 때문에 어느 정도 오르고 말겠지 하는 안일한 생각이 머리를 들게 됩니다. 이러면서 위로 반등 시에는 상당 시일 동안 헤지를 하지 않고 버티다가 결국 큰 참사를 당하고 마는 것입니다.

둘째, 지수가 몇 개월 수렴권에 머물면서 실제 강한 반등에는 실패를 해서 지속적으로는 수렴권처럼 보이기 때문입니다. 실제 수렴권은 위에 종합지수차트에 수렴권 이후의 발산을 보면 알 수 있듯이, 3개월 수렴을 한 후 발산을 하기 때문에 수개월 횡보하는 장이 나타납니다.

위 차트에서 8월 급락 이후를 분석해보면 어렵지 않게 이해가 되실 것입니다.

8월 급락 이후
9, 10, 11월 이후 3개월 수렴 후 1650에서 1950까지 무려 200포인트 상승
12, 1, 2월 이후 3개월 수렴 후 1800에서 2000까지 무려 200포인트 상승

만약 이런 장에서 델타중립포지션을 월물초에 진입한 후로 200포인트 오를 때까지 헤지를 하지 않고 버티고 있다가는 어마어마한 손실을 볼 것입니다. 이와 같은 장을 예측하는 방법을 이 책의 앞에서 알려드린 대로, 홀수 단위인 대략 3개월을 수렴하고 나서 그 수렴 범위를 깨는 발산이 나올 것을 알고 있으면 그 대처가 쉽습니다.

상승 곡사포전략 종목 :
콘돌 각각 10계약 진입 + 극내가콜 1계약 진입
아래의 차트가 전형적인 상승 곡사포전략의 기본으로서, 10포인트 이상 상승하지 않는 강세장에서는 무난하게 이론손익과 만기손익이 모두 수익이 나는 기가 막힌 구조의 모습입니다.

제4장 | 콘돌 전략으로 월 5~10% 수익을 내자

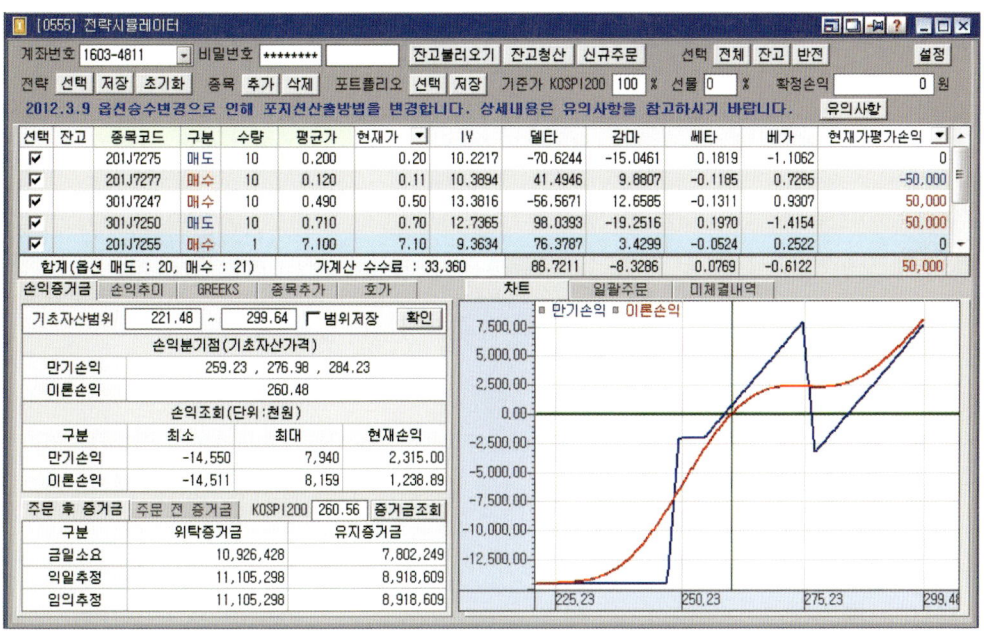

상방 곡사포전략 : 콘돌10계약당 내가 콜1계약 매수한 모습

이제는 배박사투자전략연구소에서 알려드리는 마지막 특별한 팁을 공개하겠습니다. 어느덧 수렴과 발산 이론과 콘돌 전략에서 헤지하는 전략에 관한 책을 낸지가 3년이 지났습니다. 그런데 1권에서는 매우 기본적인 내용밖에 실을 수 없었습니다.

하지만 이 책을 읽어 내려가다 보면 알 수 있듯이, 3장에서는 정확한 지수 흐름의 원리를 공개하였고 4장에서는 합성전략으로 대응하는 법을 알려드렸습니다.

이제는 4장의 내용, 즉 탱크 전략과 곡사포 전략으로 콘돌 전략을 100% 커버하는 데에 뭔가 부족한 면이 있는 것은 아닌지 아쉬움이 남을 것입니다.

즉 탱크 전략은 추세를 미리 예측해서 진입을 해보는 것이지만, 방향이 틀려도 만기손익은 수익이니 그대로 밀어붙여도 됩니다. 아니면 반대편 매도를 다시 추가로 진입하여 원래 콘돌 모습으로 복원해서, 손실을 약간 입은 상태지만 다시 횡보권으로 한 달을 지내면 수익을 내고 마칠 수 있습니다.

하지만 그림에서 보듯이, 곡사포 전략으로 진입을 하고나서 반대로 가면 바로 손실이 나기에 사실 실전에서는 그 비중을 조절하여 진입을 순차적으로 하는 것이 원칙입니다. 그래서 실전에 도움이 되도록 2가지의 상당히 유용한 전략을 알려드리겠습니다. 그 하나는, 예를 들어 상승장이 시작되었으나 만약의 경우 하락 반전도 가능성이 있을 경우입니다.

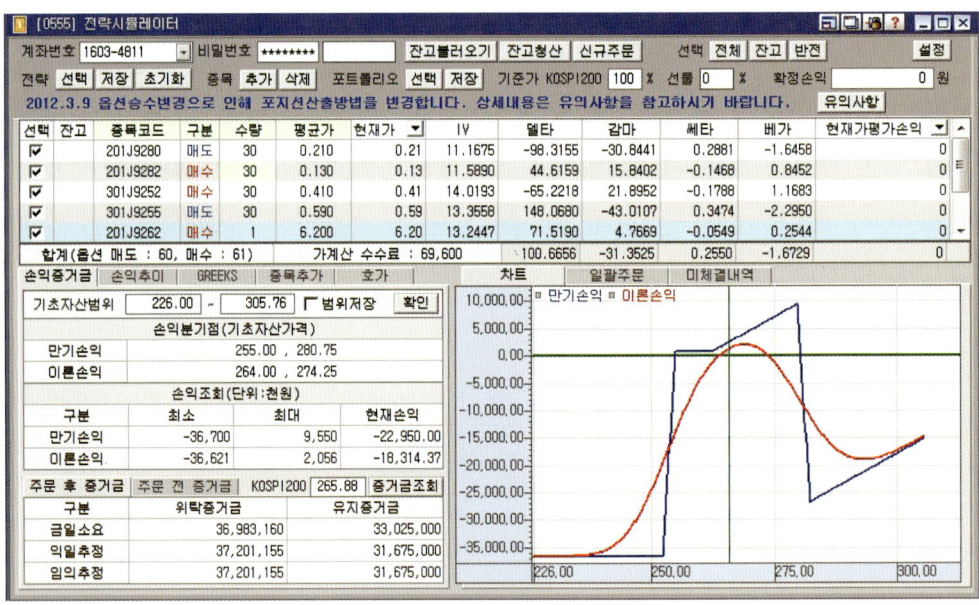

콘돌 전략 30계약당 내가콜을 1계약 매수한 모습

위의 전략이 곡사포 전략과 다른 점은 10계약당 극내가 1계약이 아니라 30계약당 1계약으로 약하게 진입을 했다는 것입니다. 이렇게 극내가 콜매수의 비중으로 1/3로 약하게 진입을 할 경우에는 여러 장점이 있습니다. 상승을 해도 콜매도의 범위를 벗어나지만 않으면 만기수익은 상당히 높아집니다. 그리고 예상치 못한 하락을 할 경우에도 풋매도 범위만 벗어나지 않으면 만기 시에는 수익을 보고 마칠 수 있다는 것입니다.

즉 엄청나게 강한 장이 아닐 경우에 약하게 내가매수를 하면 만기 전이라도 강하게 올라갔을 때에 평가수익은 위로 갈수록 커질 것입니다. 그리고 혹시 전 만기 대비 하락을 해도 굳이 내가매수를 없애지 않을 경우에는 의외의 반전이 나올 수도 있습니다. 또한 조정장처럼 나오다가도 전 만기 이상 치고 올라가는 상승장으로 마감을 할 경우라면 생각지도 않게 큰 수익으로 마감할 수도 있습니다.

단, 만약에 지수가 매우 강하게 치고 올라가 순간 콜변동성이 폭발할 때라면 버티기 어렵다는 단점이 있습니다. 특히 이론손익과 만기손익이 콜매도의 범위를 넘어가면 크게 손실이 나는 만기의 가능성도 열어두어야 한다는 치명적 단점이 있습니다.

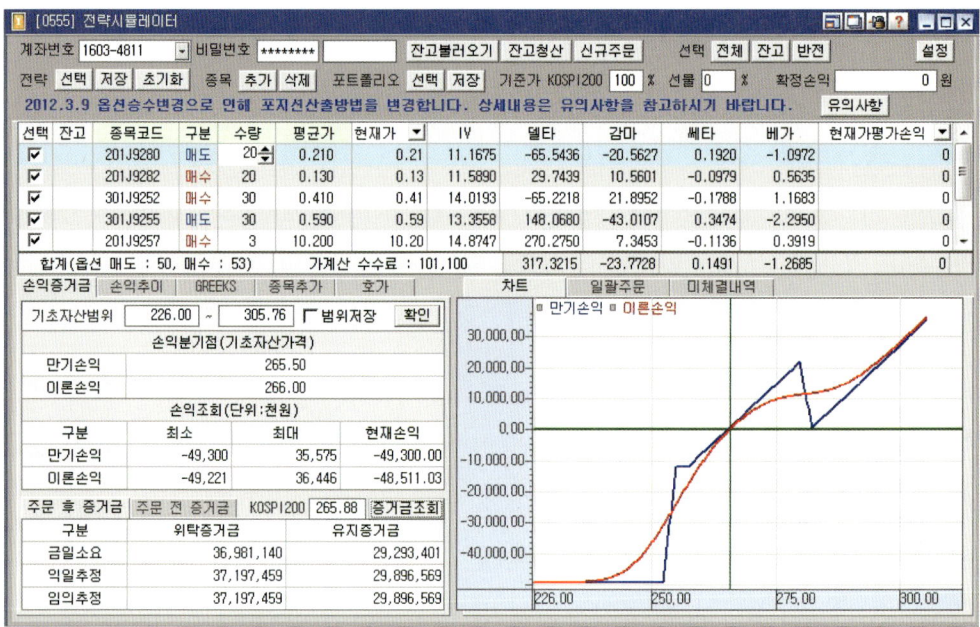

상방 탱크전략 20계약 30계약 + 곡사포전략 융합한 모습

위 포지션은 지금까지 배운 헤지 전략을 총동원하여 융합한 전략 중의 전략을 적용한 중요한 것입니다. 왜 가장 중요한가 하면, 앞으로 10년 주기설과 경제학적 관점에서 본 주글래(Jugla's) 파동에 따르면, 분명히 급등장이 나올 것으로 보이기 때문입니다. 이럴 경우 콜매도의 범위를 넘는 만기가 자주 나오거나 아니면 매일 급등하는 장의 중립포지션이 더욱 위험합니다.

이럴 때에는 이론손익뿐만 아니라 만기손익도 위로 가게 만드는 것이 속 편하게 수익을 내는 방법입니다.

그 방법으로는 상방 탱크전략 콜매도매수 : 풋매도와 풋매수 각각 2:3로 진입하고 거기에 극내가콜을 매수합니다. 그러면 위의 그림에서와 같이 위로 갈 경우에는 리스크가 없어집니다. 최근에는 콜변동성이 폭발하는 장이 2,050을 넘어가면서 서서히 나타나고 있습니다. 이 방법은 배박사투자전략연구소에서 개발해서 실제로 매우 유용하게 수익과 직결시킨 전략입니다.

그러나 최악의 경우에는 약 4천만 원의 증거금을 모두 날릴 수도 있습니다. 따라서 위로 갈 경우에는 한 달에 목표수익이 월 10% 수익이 나면 모두 청산하고 다음 달 매매까지 쉬는 합리적인 매매를 적극 추천합니다. 이것이 자기통제이면서 오랜 기간 월 10%의 기록을 낼 수 있는 비법입니다. 이 부분은 이후에 살펴볼, 필자가 마지막으로 충고해드리는 자금관리와 밀접하게 관련이 있기 때문에, 이어서 다음 절에서 설명하겠습니다.

6절 자금관리는 합성매매에서 생명이다

개인투자가 여러분들이 자산운용사 또는 증권사 랩어카운트 상품과 한판 승부를 벌이면 누가 이길까요? 한 달 만의 수익률만을 놓고 본다면 개인투자가가 훨씬 큰 수익을 낼 수도 있습니다. 하지만 대부분의 파생투자 개인의 결말은 참담하게 끝나는 경우가 많습니다. 반면에 가끔 기사화되어 나오는 자산운용사의 파산 말고는, 사실상 길게는 자산운용사의 수익이 더 많습니다.

왜냐하면 1년에 한두 번 오는 이상 급등락 장에서는, 같은 합성을 하더라도 월 10~20%의 수익률을 목표로 하는 매매와 2%를 목표로 하는 투자의 근본적 리스크 관리 방식이 다르기 때문입니다. 한편 개인투자가이면서 3,000만 원으로 3,000억 원을 번 시대의 영웅들의 자금관리법을 보면, 그들은 절대 100% 투자의 복리수익에 욕심을 내지 않는다는 것입니다.

이제 마지막 관문인 자금관리만 익히시면 여러분은 이제 3,000만 원으로 3,000억 원을 번 시대의 영웅들이 될 수도 있습니다. 여기서 각 전설들의 자금관리법을 배우고 본인에게 알맞은 방법을 선택하기 바랍니다. 전설적인 투기꾼 제시 리버모어는 "이익금 중 반은 인출하라"라는 철칙을 지켰다고 합니다.

통상 투기적인 매매를 하는 일반투자자, 즉 옵션매수로 콜이든 풋으로 10배를 이익을 올렸다는 이야기가 돌아다닙니다. 하지만 희한하게도 나중에 보면 계좌에 잔고가 하나도 없을 정도로 큰 손실로 마감했다는 것이 이야기의 결론입니다. 바꿔 말하면, 투기적 매매 - 옵션매수나 선물방향성매매를 한다면 수익금의 반을 인출하는 매매가 가장 이상적이라는 것입니다.

일본 투자계의 거물로서, 우리나라 돈으로 하면 3,000만 원으로 3,000억 원을 번 고레가와 긴조인의 승률은 30~40%였다고 합니다. 그런데 그와 비슷한 매매를 하는 친구들의 70~60% 승률이었지만 시간이 지나면 정작 긴조 본인이 더 큰 누적수익을 얻게 되었다고 합니다. 그 같은 수익을 얻는 비결은 철저하게 자금의 반 이상을 투자하지 않았다는 것으로서, 비록 승률이 낮더라도 이것을 지키는 것이 수익을 쌓을 수 있는 비결이라는 것입니다.

누구에게나 한두 번의 실수는 있을 수 있습니다. 하지만 바로 그때 자금의 반 이상을 투입을 하면 원래대로 복구하는 데 시간이 단축될 수 있습니다. 또한 좋지 않은 장이나 자신이 싫어하는 패턴에서 손실이 나더라도 그 패턴이 지난 뒤에, 본인이 좋아하는 패턴에서 자금을 더 투입하여 매매하면 마지막 후반부에는 자금이 크게 불어나기 때문에, 자금관리는 필수적입니다.

고레가와 긴조와 비슷한 금액, 우리나라 돈 3,000만 원으로 3,000억 원을 번 독일의 전설적인 투자 거물 앙드레 코스톨라니도, 충분한 여유자금으로 매매할 것과 수익금은 철저하게 빼고 매매할 것을 강조했습니다. 그런데 유독 파생매매자들은 마치 도박과 같은 중독 증상을 강하게 느끼는지, 수익이 나면 수익금을 빼거나 자금관리를 해서 실패할 경우를 대비해야 하는데, 이와는 정반대의 행동을 하는 것이 대다수입니다.

그러니 절대 전문가를 따라한다거나 정보에 의한 매매를 하면 계좌의 잔고가 불어날 수가 없습니다. 따라서 철저하게 계산에 의한 매매를 해야 하며 시장을 너무나 잘못 파악했을 때에는 누구든 손실이 날 수 있다고 생각하고 자금관리를 해야 합니다. 여기에는 예외가 있을 수 없습니다.

이와 같은 원리는 옵션매수나 선물방향성매매에는 적용할 수가 없습니다. 왜냐하면 한두 번의 실수로 인하여 계좌가 순간적으로 반 토막이 나기 때문에 이 같은 투기적 매매는 자금관리가 안 되기 때문입니다. 한때 1천억 원을 벌었다느니 수천억 원을 벌었다는, 소문의 주인공들인 압구정동미꾸라지나 목포세발낙지 등의 유명한 인물들도 한때 추세매매를 크게 벌었던 것은 사실입니다.

하지만 시간이 지난 지금은 자금관리의 중요성을 깨닫지 못한 채, 한때의 복리매매의 중독에 빠져서 매매자금의 대부분을 거의 날린 상태라고 합니다. 재야의 고수 중에 수천억 원을 번 상태에서 지금도 그 금액을 유지하고 있는 사람 중의 한 명이 바로 선경래 씨입니다.

그는 2006년까지 1천억 원 이상 큰 수익을 낸 후로 월 2%로 수익률을 낮추어 자금을 꾸준히 늘려 갔다고 합니다. 그런데 2011년 8월 급락장에 큰 손실을 보았으나 수익금 자체가 월 2% 수익이었기 때문에 이에 대한 손실이 크지는 않았다고 합니다. 그 후 2011년 말에 자금관리 차원에서 서울 강남에 약 1천억 원 상당의 빌딩을 사서 부동산으로 자금관리를 하려고 자금분산을 했다는 기사가 나온 적이 있습니다.

이렇게 월 2%도 손실이 나는 시장이 파생시장이기 때문에 절대적 복리수익을

제4장 | 콘돌 전략으로 월 5~10% 수익을 내자

생각하지 마시고 항상 손실이 발생했을 경우에도 헤쳐 나갈 수 있도록 자금관리를 해야 합니다. 자금관리의 경각심을 알려드렸으니, 이제는 마지막으로 매매방식으로 자금관리를 하는 노하우를 말씀드리도록 하겠습니다.

아래는 증거금 1천만 원으로 2%의 수익만 나오게 만든 포지션입니다.

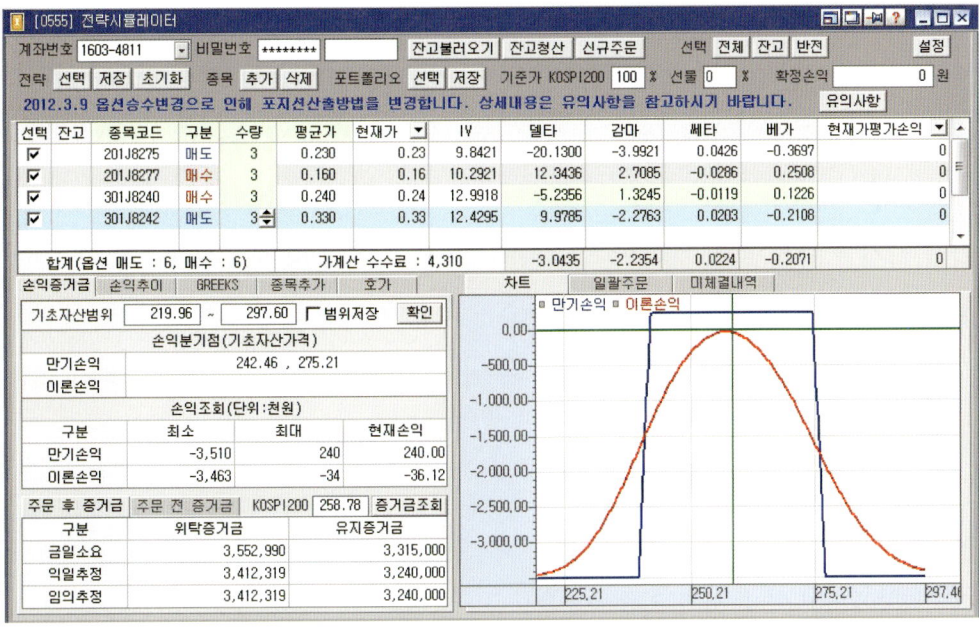

1천만 원으로 2% 수익 추구하면서 리스크를 줄이는 콘돌 전략

위의 차트는, 콜275와 풋242 가격이 각각 0.23과 0.33으로 결제될 확률이 거의 없는 종목을 10계약이 아닌 3계약만 진입하여 수익률을 낮추고 리스크를 줄인 것입니다.

이렇게 수익률을 줄일 경우, 즉 1천만 원 증거금으로 증거금을 350만 원만 잡을 경우에는 최대 리스크도 그만큼 줄어듭니다. 만약 대폭락장이나 대폭등장이 왔을 경우에 미처 손을 대지 못하고 최대손실구간에 빠진다고 해도 350만 원 손실이 그 최대입니다. 즉 2011년 8월 종합지수로 500포인트 하락을 한다고 해도 콘돌 전략을 따르면 35% 손실 이상이 나올 수 가 없는 것입니다.

여기까지는 사실상 매매하는 입장에서는 불가능한 것입니다. 그런데 매매 중의 최대손실은 대략 이론손익과 만기손익이 마주치는 150만 원 정도입니다. 즉 최대손실이 난 후에 헤지를 한다고 하면 15% 손실 이상은 나지 않을 것입니다.

이런 시기를 예를 들어 2011년 8월 하락장이라고 가정을 해봅시다. 15% 손실에 헤지를 하지만, 마지막에 배운 곡사포 전략 중에 가장 강한 상방탱크와 융합한 곡사포 전략으로 수정을 하고 그냥 놔두면, 손실이 복구되고 더 큰 수익이 났을 것입니다.

이런 매매를 수년간 하면서 최악의 경우에 빨리 헤지를 해서 손실 없이 만든다면 이제 여러분은 수천억 원대 자산을 운용할 수 있는 펀드매니저도 될 수 있을 것입니다.

이제 파생에 대한 내용은 마칩니다. 지난 2~3년간 시장에 엄청난 변화가 있었기 때문에 이 변화에 대해서 아주 상세하게 그 내용을 적었습니다. 독자 여러분께서는 이런 변화에 적응하시기 바랍니다. 또한 시황이나 이에 따른 매매기법은 항상 업그레이드가 돼야 하기 때문에 책으로 모든 것을 이해했다고 바로 실전에 들어가시면 안 됩니다. 당연히 꾸준한 연습과 노력을 해야 합니다.

개인투자가의 모범인 앙드레 코스톨라니는 하락장에서는 파생상품과 채권투자를, 그리고 다시 경기상승기에는 주식과 부동산을 하는 다양한 재테크 수완을 가지고 적재적소에 알맞은 매매를 했습니다. 그 결과, 우리나라 돈으로 3000만 원으로 3,000억 원을 벌었다고 합니다.

또한 꼭 옵션합성투자만이 모든 것을 커버할 수 있는 것은 아닙니다. 하지만 지금 같은 정체기에서는 이것이 가장 이상적인 투자이기 때문에 적극 추천하는 것입니다. 물론 다시 경기가 살아난다면 주식이나 부동산 등 다른 투자처들이 안전할 수는 있습니다. 따라서 당 연구소에서도 모든 재테크 수단을 다루고 있지만 현재는 옵션합성전략을 주로 연구하고 있습니다.

필자는 4년 전부터 이데일리에서 파생방송만 전문으로 하여 개인타이틀로서 시즌3까지 방송을 하는 자부심을 느끼고 있습니다. 실시간 시황은 이데일리TV를 시청하시면 됩니다. 한편 이 책이 출간됨과 동시에 개설되는 이데일리의 교육 프로그램을 통해서, 기타 옵션합성매매의 기초인 순위험 증거금으로 바꾸는 것, 기관과 비슷한 조건을 만드는 것, 또한 수수료를 기관급으로 낮추는 방법 등에 관해서 도움을 받을 수 있을 것입니다.

제4장 핵심 내용 및 전망

앞장에서 배운 수렴과 발산 이론에 의하여 대략적으로 수렴권의 범위를 감지하셔야 포지션진입을 하실 때 유리합니다. 기관의 요구로 7월 급등장 이후 결제 월별시세표에 옵션 종목이 위아래 30포인트 이상도 종목이 3개월 단위로 생기고 있는 것도 매우 고무적인 일입니다. 결국 지금지수의 도달할 수 없는 정도의 범위를 콘돌의 매도종목을 고르는 것이 매우 중요합니다.

그리고 지금 시장이 변동성이 나올 가능성이 있는지, 있다면 위로 가능한지 아니면 아래로 가능한지를 예상하고 있으면 그 방향으로 갈 때 곡사포 전략으로 수정하는 데 미리 준비를 할 수 있습니다.

준비를 하고 시장에 대응하는 것과 본인의 포지션은 절대 안전하므로 옵션만기일까지 놔두면 수익 날 수 있을 거라고 안일하게 생각하다가는 막상 결과와는 커다란 차이를 볼 수가 있습니다. 따라서 항상 준비하는 자세로 시장에 대응해야 합니다.

하지만 곡사포 전략으로 수정하는 달은 1년에 1~2번 정도밖에 되지 않습니다. 따라서 지수의 범위를 대략적으로 설정하고 이보다 안전한 콘돌 전략으로 진입하는 것이 더 중요합니다. 최근에 가장 강했던 장은 7월 말에 있었습니다. 그때 종합지수로 2,090까지 간 것이 위로는 3년 만에 최고치였으며, 다시 2,000 아래로 내려왔습니다.

그렇다면 위로는 2,150정도인 콜272 매도는 아마도 올해 내내 안전할 것이고, 내년까지 큰 이변이 없는 이상 결제는 어려울 것으로 보입니다. 아래로가 문제였는데, 현재 결제월별시세표에 가장 하단이 풋220이나 이는 콘돌 전략의 구조상 매수를 해야 하기에 풋222를 매도하는 구조를 만들어보았습니다.

풋222는 종합지수로 1,750정도인데, 현재 1,900도 붕괴가 어렵기 때문에 내년까지도 저점이 내려오긴 힘들 것으로 보입니다. 이런 두 종목을 매도한다면 이번 달은 물론이거니와 다음 달도 포함하고 그다음 달에도 같은 종목을 매도해도 무난하게 수익을 얻을 수 있습니다.

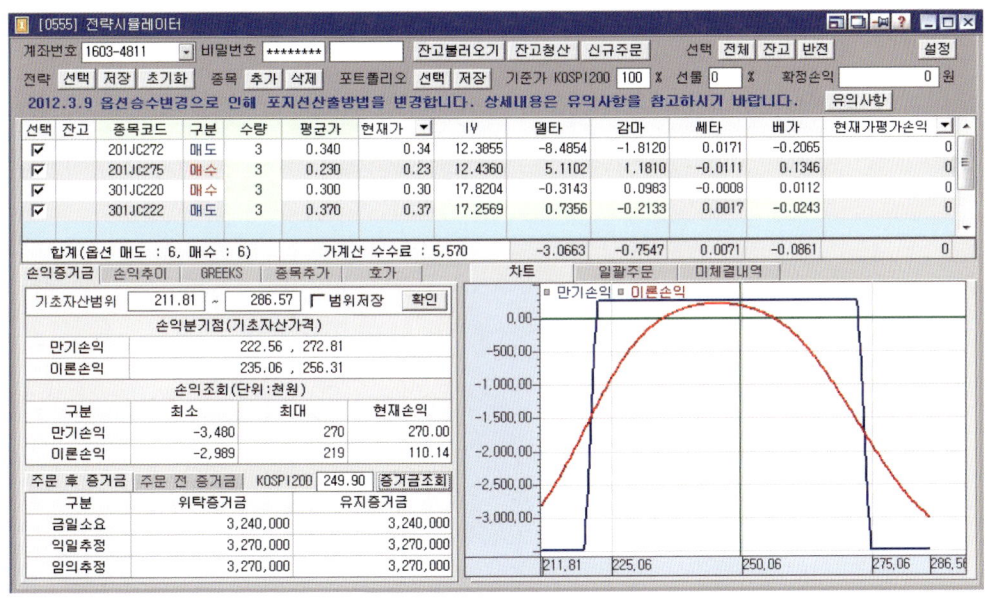

2달 전 12월물 콜272와 풋222 콘돌 전략으로 진입한 모습

즉 앞에서는 보름 전에 차월물을 진입하는 것 외에도 증거금이 남으면 2달 전 종목도 들어가면 시간이 지나면 더욱 안전한 종목이 될 것입니다. 이처럼 다양한 전략을 구사할 수 있는 실력을 배양하는 것이 무엇보다 중요합니다. 매매 시 문제를 느끼시면 아래에 적힌 다양한 연락처로 문의를 하시면 친절하게 답변해 드리겠습니다.

이데일리TV 선물꾸러미 : 국내 최초 고품격 파생 전문 방송(매주 금요일 오후 6시)
이데일리온 투자전략 : http://on.edaily.co.kr/
배박사 투자전략연구소 연락처 : finance-lawyer@hanmail.net
배박사 부동산 · 주식 · 선물옵션합성융합 재테크클럽 : http://cafe.daum.net/lawyerbae

초보자에게 당부하고 싶은 말…

먼저 HTS와 친해져야 한다는 것입니다. 지금은 한국의 HTS는 세계수준급으로 발달이 되어 기관이나 외인이 보는 자료를 똑같이 공유할 수 있게 되어 있습니다. 따라서 결코 개인투자가들이라고 해도 결코 정보 면에서는 저들보다 뒤지지 않는다는 점입니다. 먼저 초보 입문자분들은 결제 월별시세표를 매일 장 종료 후 1장씩 출력하고, 한 달치를 따로 모아 묶어서 틈나는 대로 가격의 움직임을 공부하셔야 합니다. 그리고 현금으로 수업료를 내지 않으시려면 시뮬레이션에 각종 포지션을 저장한 후에 하루도 빠지지 않고 관찰하면서 책에서 알려드린 전략매매를 자유자재로 변형시킬 수 있는 수준까지 되어야 합니다.

이것도 되지 않으면서 실전을 할 경우에는 100번 싸워서 100번 모두 지게 될 것은 자명한 이치입니다. 결제 월별시세표에 나온 것들을 모두 이해하시고 전략매매까지 이론적으로 내 것을 만들었어도, 실전은 매우 소량씩 1년 이상 연습을 해야 합니다. 최소한 1년의 4계절이 바뀌는 기간 동안의 장을 모두 경험하고, 급등락 시 헤지를 내 실력으로 충분히 할 수 있다는 판단이 섰을 때에야 비로소 실전을 해야 합니다.

이런 단계를 생략하고 한두 달 수익을 낸 뒤에, 이론적 뒷받침이 되지 않은 상황에서는 자칫 옵션매도의 치명적 손실을 당할 수 있으니, 절대로 서두르면 안 됩니다.

이 책이 출간되고 나면, 필자는 이데일리온 주관으로 매달 초에 3주 완성 옵션합성 이론교육을 시작할 예정입니다. 이 책을 애독하시고 더 깊이 있는 공부를 원하시는 분들은 누구나 참여가 가능하며 더 자세한 사항은 이데일리온에 문의하시면 됩니다.

1권에 이어 3년 만에 낸 책에 대한 바람은…

약 3년 전 이데일리에서 활동하자마자 출판사의 제의를 받고 책 한 권을 급하게 쓰게 되었습니다. 서둘러 냈기 때문에 당시에는 옵션합성매매의 필요성과 관련한 지식을 위주로 간략하게 정리해서 책을 냈습니다. 그리고 방송에 나온 내용 위주로 주로 캡처 내용과 연결하여 빠르게 썼기 때문에 깊이 있는 이론적 내용을 제대로 담지 못한 것이 또한 사실입니다. 이런 까닭에 책을 보신 애독자 분들이 남기신 서평에, 책값에 비해 내용이 터무니없이 빈약하다는 따끔한 충고도 있었습니다.

필자는 이를 받아들여 이번에는 충분히 난이도가 높은 테크니컬한 부분까지 책에 넣고자 했습니다. 1장에서는 거시경제 미시경제학적 분석까지 철저하게 다루었습니다. 물론 지수의 흐름을 읽는 것에 도움을 주고자 주가와 환율과의 관계를 중점적으로 서술했습니다. 이로써 이제는 단편적으로 주식만 보고 또는 우리나라만의 지수만을 파악해서는 전체적인 글로벌 경제의 흐름을 읽는 시대는 끝났다고 할 수 있습니다.

하지만 이렇게 글로벌경제를 보고 각 지역별 또는 경제정책상 국가별 국가의 주가 흐름을 거시적으로 보는 습관을 들이는 것이 정석이라고 할 수 있습니다. 결국 더 난이도가 높은 분석을 통하여 공부하고 연구하는 자만이, 앞으로 이 시장에서 살아남을 수 있다는 것을 보여드리려고 했습니다.

그리고 1권에서는 간단하게 서술한 수렴과 발산 이론을, 이번 2권에서는 3장의 절반 이상을 이와 연결하여 폭넓게 다루고자 했습니다. 또한 2011년 8월 미국의 신용등급 강등 사태 이후 이데일리에서 활동하면서 N자형 급락, 그리고 3개월 수렴 후 V자형 반등까지 정확하게 찍어 준 근거를 설명하였습니다. 이 부분은 지난 3년 동안 이데일리 회원님들과 함께 매매를 하면서 꾸준하고 안정적인 수익을 내는 데에 이론적 근거가 되었습니다.

이제 다시 한국도 최경환노믹스에 의하여 다시 2011년 8월 급락 전의 지수인 2200~2100 수렴권에 돌입이 머지않은 상황에서는, 책의 내용을 다시 쓸 수밖에 없었습니다. 그러면서 여러 가지 말도 안 되는 보조지표나 이평선매매 등을 무시하는 한편으로는, 수렴과 발산 이론에 의하여 지수흐름을 전망하고 거기에 옵션합성전략매매로 대응하는 것이 얼마나 유리한가를 보여주고자 했습니다.

게다가 이 이론은 단순하게 확정적 지수를 알려주는 도박 같은 것이 아니라 확률을 99%까지 끌어올리는 이론입니다. 그래서 시간이 지날수록 이론의 법칙들이 늘어나고 있는 것입니다. 이런 내용들이 3년 동안 쌓이고, 필자는 결국 다시 고난이도의 스킬을 모아서 책을 낼 때가 되었다고 판단해서 책을 집필하게 된 것입니다.

마지막으로 4장에서는 2014년 8월 옵션에서 마침 7월 말에 발표한 최경환노믹스와 함께, 콜변동성 20배 폭발 이후 풋변동성 80배 폭발의 상황에서도 살아남을 수 있었던 전략을 공개했습니다.

단순하게 콘돌 전략을 한 달 내내 들고 있으면 수익이 난다가 아니라, 수렴과 발산 이론에 의하여 변동성폭발의 장세를 미리 어느 정도 감지를 하고 대응을 해야 된다는 사실이 실제로 현장에서 검증이 되었습니다. 아마도 이러한 장세가 자주 나올 것으로 보이기에 독자 여러분에게는 시급하게 책으로 알려드리지 않을 수가 없었습니다. 당시 수익이 날 수밖에 없었던 전략으로는 상방탱크+상방곡사포전략을 사용하였고, 10% 평가수익달성에 전원 8월 포지션 청산 후 다음 달의 월물을 만기 2주 전, 즉 월말에 진입했기에 아무 문제없이 전원 10% 수익을 달성할 수가 있었습니다.

합성전략매매 위주로 쓴 이유는…

최근 주식시장이 차별화장세가 되면서 지수는 올라도 실적이 좋지 않은 업종에서는 오히려 반 토막이 나는 상황이 속출하고 있습니다. 거래소에서는 조선업종, 코스닥에서는 휴대폰 부품 업종 등이 한마디로 죽을 쑤고 있다시피 합니다.

그러다보니 주식만 하던 전문가들조차도 두 손 들고 파생전문가로 전향을 하는 움직임이 두드러지게 나타나고 있는 실정입니다. 그러나 파생은 방향성매매에 빠지면 자칫 한순간에 계좌가 올인당하는, 영화 속 대사처럼 이른바 '빨래질'을 당할 가능성이 매우 높은 위험한 매매입니다.

그런 매매는 전문가뿐만 아니라 외국인 기관도 하지 않는, 한마디로 극단적인 도박에 가깝기 때문에 이 책에서 방향성매매는 철저하게 배제했습니다. 더 올바른 매매에 대한 건전한 문화의 정착을 바라는 조그마한 저의 소망이 있기 때문입니다.

범람하는 정보의 홍수 속에 순간 달콤한 유혹에 빠져서 선물방향성매매를 한다든가 급기야는 옵션가격이론이니 하면서 지르기식 도박매매를 책으로 내는 경우까지 어렵지 않게 찾을 수 있는 것이 지금의 현실입니다. 더욱 안타까운 것은 이런 매매를 증권방송에서도 아무런 여과도 없이 내보내고 있다는 것이 가장 큰 문제점입니다

이에 책임감을 느끼고 증권방송에서 파생상품 방송을 정착시킨 저로서는 더 이상 방향성매매의 오류를 간과할 수 없기에 방송과 책, 모두에 걸쳐서 합성전략매매를 하라고 추천하는 것입니다. 아무쪼록 파생매매를 하는 목적이 일확천금을 노리는 한탕주의가 아니고 평생 재테크를 생활화하는 것이 그 목적임을 잊어서는 안 됩니다.

그러기 위해서는 자신의 평생 신념이 배어나오는 매매 철학과 개인만의 집약된 노하우가 있어야만 합니다. 어느 분야든지 그 분야를 한평생 파고들면 전문가 대우를 받을 수 있습니다. 하물며 금융에 투자를 하는 여러분이 최고의 대우를 받는 몸값이 되지 않는다면 그것은 금융을 하는 것이 아니라 도박을 하기 때문입니다.

앞으로 금융에 접하는 많은 초보자들이나 재테크에 관심이 많지만 어떤 매매를

해야 할지 모르는 많은 일반인들에게, 필자는 옵션합성전략을 생활화하라고 말씀드리고 싶습니다. 월 10%의 수익은 내지 못하더라도 월 2%의 수익에도 감사한 마음을 가지고 그것을 소중하게 여긴다면, 아마도 여러분은 여유로운 삶을 누리고 살 수 있을 것입니다.

서술방식이 독특한데 한마디 하신다면…

네, 법대대학원을 다니면서 한편으로는 금융에 관심을 가지고 경영대학원 과목을 수강하다가 옵션바이블 교재를 공부하였던 기억이 납니다. 지금도 재무관리 파트에서는 옵션 쪽을 자세하게 공부하는 학생들은 John Hull 교수의 Option, Futures, and Other Derivatives로 공부를 하고 있습니다.

그런데 경영이 전공이 아닐뿐더러 더욱이 재테크를 목적으로 하는 학생들에게는 이 부분은 너무나 생소하고 접근조차 어려운 부분입니다. 그리고 이를 번역한 책도 역시 딱딱한 문어체인데다가, 어느 부분이 중요한지 그리고 매매에 있어서는 이 부분은 굳이 금융을 전공하려는 목적이 아니면 중요하지 않다는 등, 이해하기 쉬운 대화적인 내용이 하나도 없습니다.

이에 좀 더 친근하게 접근을 하면서 학생들에게 다년간 강의한 기술을 포함해서, 증권방송에서 실무만을 접하길 원하는 개인투자자들에게 강의하는 모든 스킬을 총동원하여, 대화체로 글을 써내려갔습니다. 이렇게 해야만 이론적 지식과 실무적 지식을 나눌 수 있기 때문입니다. 나아가 실무를 위주로 알려드릴 수 있기에, 오히려 지금과 같이 재테크에 열망하는 이들에게는 더없이 좋은 친구이자 벗이 될 수 있다고 감히 확신합니다.

미국의 Law School 과정은 교수와 학생 사이에 쉬지 않고 계속해서 질의와 응답이 오가는 수업이라고 합니다. 이 책도 그러한 방식을 채택했습니다. 각 장의 주제와 절의 소재는 모두 초보자들이 궁금하게 여기는 것으로 채웠고, 독자의 궁금증을 질문으로 받는 식으로 시작하였습니다.

또한 초보자의 눈높이에 맞추었고, 독자의 궁금증을 유발시키는 내용으로 시작하여 대화체로 서술해나갔습니다. 그러나 각 장이 끝날 때, 그리고 절의 중간을 넘어가면서는 결코 내용이 쉽거나 간단하지 않기에, 그동안의 매매의 노하우를 집약하여 제법 높은 수준의 내용까지 정리하고 노력했습니다.

이 책을 이해하시면 아마도 금융공학에 있어서는 이론적으로 깊이 있게는 파고들지 않았으나 실무를 함에 있어서는 그 수준이 업드레이드가 될 것을 확신합니다. 더욱이 이 책의 내용 하나하나가 예전 내용이 아니고 전부 최근의 장세에 맞게 정리한 것들이고 실제 매매를 하면서 우러나온 노하우이기에, 실제의 매매에 많은 도움이 되리라고 생각합니다.

날로 치열해지는 경쟁사회에서 이 시장도 기관과 외인의 횡포가 극심한 가운데, 그래도 여러분의 실력이 이에 맞도록 향상된다면 결코 승률이 낮지는 않을 것입니다. 이에 조금이나마 도움이 될 수 있다면 그것으로 필자는 충분히 기쁠 것입니다. 그것을 위해서 저의 짧은 이력과 노하우지만 전부를 쏟아내는 데에 최선을 다하겠습니다.

모쪼록 실전에 있어서는 그 어떤 이론 서적들보다 많은 도움이 되었다는 넉넉한 칭찬이 들어 있는 서평을 기대하겠습니다.

앞으로의 계획은…

제 나이가 이제 불혹을 넘었습니다. 3년 전 선물꾸러미방송을 할 당시에는 매일 방송을 했는데 이젠 그렇게 데일리 방송을 하는 것이 힘들더라고요. 지금은 일주일에 한 번 매주 금요일 오후 6시에 방송을 하면서 전국에 있는 파생인들에게 매매스킬을 전해주고 있습니다.

이제는 대학에서도 주식 선물옵션에 관하여 좋지 않은 인식보다는, 그것을 재테크의 개념으로 받아들여지는 곳이 생기고 있습니다. 그래서 필자는, 이론에 집중해서 공부하는 대학 또는 대학원 과정보다는 실무적으로 수익을 낼 수 있는 평생교육원이나 특수대학원의 금융공학과정에서 집중적으로 트레이더를 양성할 계획을 하고 있습니다.

그러나 4학기 이후 매매를 시작한다면 너무 긴 시간을 투자하는 것이 될 가능성이 큽니다. 따라서 되도록 짧은 시간에 제대로 된 교육을 받고 실전매매를 할 수 있도록, 이데일리의 협약하여 책이 발간과 동시에 옵션합성전략 위주의 교육을 매달 받을 수 있도록 시스템을 만들었습니다. 매월 초에 개강을 할 예정이며 소수의 인원이 수강을 해도 이데일리TV 방송국 건물에서 강의를 할 예정이니, 언제든 참여가 가능합니다.

이 강의를 시작으로, 필자는 이제 제대로 된 옵션합성 전략매매와 이에 맞는 시황을 오프라인으로 알려드릴 것을 약속드립니다.

실제 매매를 하려면 시간을 투자해야 합니다. 오전 9시부터 오후 3시까지는 자리를 뜨면 안 됩니다. 이에 많은 분들이 간접투자를 원하고 있는데, 제대로 된 수익률을 내는 자산운용사가 많지 않기에 여의도에서 가장 규모가 큰 아인자산운용사와 계약을 하였습니다.

월 2%(안정적) 월 5%(공격형) 파생상품 투자 상품으로 드디어 제가 운용고문역을 맡아서 상품이 나갈 예정입니다. 아마도 이 책이 출간될 무렵이면 가입을 한 상당수의 분들이 여의도에서 수익을 내고 있을 것으로 예상합니다. 앞으로 20년 정도는 꾸준하게 수익을 낼 수 있다고 생각하기에 혹시나 간접상품으로 투자하실 분은 에이펙스투자자문회로 문의하시면 됩니다. 매매방식은 이 책에 나온 대로 가장 안정적인 합성전략으로 매매하기에 손실은 보지 않을 것이라고 생각합니다.

모쪼록 여러분의 건승을 기원합니다.

감사합니다.

여의도 배박사 투자전략연구소에서 한강을 바라보며.

누구나 월 10% 버는 선물옵션 실전교육

배박사의 선물옵션 아카데미

섣부른 선물옵션 투자 손실을 회복시킬
진짜 선물옵션 투자 기법을
전수해 드리겠습니다!

교육대상
선물옵션에 투자해 본 적은 있으나 수익이 잘 나지 않았던 투자자에게 안정적으로 수익을 낼 수 있는 진짜 선물옵션을 알려드리는 선물옵션 실전 교육입니다.

배박사의 선물옵션 아카데미 커리큘럼

회차	강의주제
Part1.	선물옵션 기초이론
Part2.	고급 이론 지식
Part3.	옵션합성전략의 이해

문의 : 이데일리ON 고객센터 1666-2200
홈페이지 : http://on.edaily.co.kr

자세히 보기